# 国土空间规划：理论、方法与案例

张晓瑞　杨西宁　刘复友　丁　峰
程志刚　肖　璐　谢　松　程　龙　著

合肥工業大學出版社

## 内容提要

国土空间规划是中国规划体系的一次历史性变革，是相关理论研究和实践探索的热点与焦点。本书以国土空间规划为研究中心，从分析国土空间规划产生的时代背景入手，系统梳理了国内外相关理论研究和规划实践，进而探索建构了国土空间规划的理论框架，提出了基于"调研—评价—规划"的国土空间规划基本范式，在此基础上，详细给出了国土空间规划编制中的关键技术方法，同时以具体的国土空间规划编制案例为实证。国土空间规划是一个正在深入研究的新课题，作为一次学术探索，本书尝试回答国土空间规划"是什么""做什么""如何做"三个基本问题，以期为国土空间规划研究和实践提供参考和借鉴。

本书力求做到理论研究、技术方法、实践案例的有机统一，可供从事国土空间规划及其相关领域的科研、教学、实践工作者以及自然资源、发展改革、生态环保等相关部门的管理人员阅读参考，也可作为高等院校相关专业本科生、研究生的教学参考用书。

**图书在版编目(CIP)数据**

国土空间规划：理论、方法与案例/张晓瑞等著．—合肥：合肥工业大学出版社，2019.11(2022.6 重印)

ISBN 978-7-5650-4715-2

Ⅰ.①国… Ⅱ.①张… Ⅲ.①国土规划—中国 Ⅳ.①F129.9

中国版本图书馆 CIP 数据核字(2019)第 256537 号

**国土空间规划：理论、方法与案例**

张晓瑞 杨西宁 刘复友 丁 峰 程志刚 肖 璐 谢 松 程 龙 著　　责任编辑 王 磊

| | | | |
|---|---|---|---|
| **出 版** | 合肥工业大学出版社 | **版 次** | 2019 年 11 月第 1 版 |
| **地 址** | 合肥市屯溪路 193 号 | **印 次** | 2022 年 6 月第 3 次印刷 |
| **邮 编** | 230009 | **开 本** | 710 毫米×1010 毫米 1/16 |
| **电 话** | 艺术编辑部：0551-62903120 | **印 张** | 11 |
| | 市场营销部：0551-62903198 | **字 数** | 245 千字 |
| **网 址** | www.hfutpress.com.cn | **印 刷** | 安徽昶颉包装印务有限责任公司 |
| **E-mail** | hfutpress@163.com | **发 行** | 全国新华书店 |

ISBN 978-7-5650-4715-2　　定价：58.00 元

# 目　　录

# 1 绪　论

## 1.1 引言

国土空间是指国家主权与主权权利管辖下的地域空间，是人类生产生活的载体和场所。而国土空间规划是对一定区域国土空间开发保护在空间和时间上作出的布局安排，是一定区域内国土空间开发利用和保护修复的总体部署和行动纲领，是各类开发保护建设活动的基本依据，在经济社会发展和自然生态保护修复中发挥着关键而重要的作用。当前，中国正在开展的国土空间规划是中国规划体系的一次重大变革和系统优化，其产生和发展具有深刻的时代背景。

中国共产党第十九次全国代表大会描绘了中华民族伟大复兴的美好蓝图，标志着中国特色社会主义建设进入了新时代。在生态文明建设上，十九大报告系统提出了“设立国有自然资源资产管理和自然生态监管机构，统一行使全民所有自然资源资产所有者职责”的重大战略部署。2018 年 4 月 10 日，根据党的十九届三中全会审议通过的《中共中央关于深化党和国家机构改革的决定》《深化党和国家机构改革方案》和第十三届全国人民代表大会第一次会议批准的《国务院机构改革方案》，中华人民共和国自然资源部正式挂牌成立，“统一行使全民所有自然资源资产所有者职责”的重大战略部署落地生根。

建设生态文明是中华民族永续发展的千年大计，而自然资源部的成立则是落实这一千年大计的关键一招，也是落实基于“美丽中国”的生态文明建设目标的具体行动。这一制度架构契合了山水林田湖草“生命共同体”系统保护的需要，体现了自然生态系统及其监管系统的综合性，可以在制度层面克服以往多头监管和“碎片化”监管问题，由此能够切实践行“绿水青山就是金山银山”的生态文明理念，有效统筹山水林田湖草的系统治理，为建设美丽中国夯实生态基础。

根据自然资源部机构改革方案，为统一行使全民所有自然资源资产所有者职责，统一行使所有国土空间用途管制和生态保护修复职责，着力解决自然资源所有者不到位、空间规划重叠等问题，实现山水林田湖草整体保护、系统修复、综合治理,将国土资源部的职责,国家发展和改革委员会的组织编制主体功能区规划职责,住房和城乡建设部的城乡规划管理职责,水利部的水资源调查和确权登记管理职责,农业部的草原资源调查和确权登记管理职责,国家林业局的森林、湿地等资源调查和确权登记管理职责,国家海洋局的职责,国家测绘地理信息局的职责整合,组建自然资源部,作为国务院组成部门。其主要职责是,对自然资源开发利用和保护进行监管,建立空间规划体系并监督实施,履行全民所有各类自然资源资产所有者职责,统一调查和确权登记,建立自然资源有偿使用制度,负责测绘和地质勘查行业管理等。

在自然资源部"三定"方案中,负责建立空间规划体系并监督实施是其一项重要职责,具体包括:推进主体功能区战略和制度,组织编制并监督实施国土空间规划和相关专项规划;开展国土空间开发适宜性评价,建立国土空间规划实施监测、评估和预警体系;组织划定生态保护红线、永久基本农田、城镇开发边界等控制线,构建节约资源和保护环境的生产、生活、生态空间布局;建立健全国土空间用途管制制度,研究拟定城乡规划政策并监督实施;组织拟订并实施土地、海洋等自然资源年度利用计划;负责土地、海域、海岛等国土空间用途转用工作;负责土地征收征用管理。

为落实上述职责,自然资源部下设国土空间规划局,其任务包括:拟定国土空间规划相关政策,承担建立空间规划体系工作并监督实施。组织编制全国国土空间规划和相关专项规划并监督实施。承担报国务院审批的地方国土空间规划的审核、报批工作,指导和审核涉及国土空间开发利用的国家重大专项规划。开展国土空间开发适宜性评价,建立国土空间规划实施监测、评估和预警体系。

通过上述梳理可知,原来一直属于住房和城乡建设部的城乡规划管理职责将由自然资源部承担,再加上本属于原国土资源部的土地利用总体规划,这使得自然资源部拥有中国当前功能最重要、体系最完善的两大空间性规划(城乡规划、土地利用规划)的管理权,进而成为中国空间规划体系的权威主导部门,这标志着一个规划新时代的开始,中国的空间规划体系将从多规冲突、多规合一而迈入统一的国土空间规划新时代。进一步,构建统一的空间规划体系是自然资源部的重要职责,也是本次国家机构改革的一个重大创新,原因在于其整合了原发改委、国土部、住建部等多个部、委、局的有关空间性规划的编制管理职能,从而实现了对各类空间性规划的统筹协调,为解决空间规划重叠、机构分散、标准不统一以及实现国土空间一张蓝图绘到底夯实了基础。显然,随着自然资源部的成立,原来国土空间治理领域中的"九龙治水"已变为"攥指成拳",中国规划行业将迎来一次具有里程碑意义的重大历史变革,国土空间规划由此登上历史舞台,成为新时代中国规划领域的主角与核心,并迎来了属于自己的新时代和新格局。

尽管已经迎来了国土空间规划的新时代，但应看到国土空间规划尚未形成国家统一的内容框架体系和相应的标准规范，相关的规划编制试点工作都在推进中。因此，国土空间规划成为当前政府、社会、行业和学界深入探讨与研究的热点和焦点。但不管怎样，国土空间规划仍是一种规划类型，是一种诞生在中国进入生态文明建设时代的具有新形式、新内涵、新框架的规划新类型。作为一种规划，国土空间规划也必然要面临"是什么""做什么"以及"如何做"等三个基本问题。这三个问题的回答和解决是全面开展国土空间规划编制工作中的一个重大理论研究和实践探索课题，对于中国提高空间资源管控水平和国土空间用途管制能力、实现全面协调可持续发展具有重要的理论意义和实践价值。

基于此，本书尝试展开国土空间规划编制的相关理论方法和实践应用研究。全书以国土空间规划的"是什么，做什么，如何做"为基本脉络，探索构建国土空间规划编制的内容框架及技术方法体系，并展开了典型城市的规划实践案例研究，以期能为国土空间规划编制提供理论方法参考和实践应用借鉴。

## 1.2 时代背景

### 1.2.1 生态文明建设

自然资源部成立和国土空间规划产生都是源自生态文明建设这个最关键、最重要的时代背景之下，是"设立国有自然资源资产管理和自然生态监管机构，统一行使全民所有自然资源资产所有者职责"战略部署的具体落实。因此，完全有必要对生态文明建设的思想基础和来龙去脉进行梳理，由此有助于更深刻地理解国土空间规划。

生态文明建设的思想渊源和理论基础集中体现为习近平总书记所提出的"绿水青山就是金山银山"的新财富观和价值观，这是对马克思主义系统自然观和生态自然观的最新发展，为加快美丽中国建设、实现人与自然和谐统一的可持续发展指明了路径和方向。"两山论"的生态自然观将山水林田湖草等自然资源的多重社会价值与人类财富形式、大众福祉联系在一起，由此构成了中国生态文明建设的基本理念，指明了中国生态文明建设的最终方向，提出了人类看待自然资源和生态环境价值的新方式。"两山论"的生态文明思想揭示了人与自然生命共同体的安危休戚关系，即习近平总书记所指出的"山水林田湖是一个生命共同体，人的命脉在田，田的命脉在水，水的命脉在山，山的命脉在土，土的命脉在树"，因此，必须统筹山水林田湖草系统治理。进一步来说，进行生态文明建设的根本目的是满足人民日益增长的美好生活需要，提高人民的获得感、幸福感和安全感。优美的自然生态环境是人类生存与健康的基础，是最公平的公共产品，是最普惠的民生福祉。这正如习近平总书记所指出的："对人的生存来说，金山银山固然重要，但绿水青山是人民幸福生活的重要内容，是金钱不能代替的。你挣到了钱，但空气、饮用水都不合格，哪有什么幸福可言。"2018 年 5 月，习近平总书记在全国生态环境保护大会上进一步指出，"生态文明建设是关系中华民族永续发展的根本大计"，"生态环境是关系党的使命宗旨的重大政治问题，也是关系民生的重大社会问题"，由此生态文明建设的历史地位和战略定位进一步得到了夯实和提高。

综上，"绿水青山就是金山银山""人与自然和谐共生""良好生态环境是最普惠的民生福祉""山水林田湖草是生命共同体""中华民族永续发展的根本大计"等习近平总书记关于生态文明建设的系列科学论断深刻地回答了为什么建设生态文明、建设什么样的生态文明、怎样建设生态文明等重大理论和实践问题，构成了习近平新时代中国特色社会主义思想的重要组成部分，也是中国生态文明建设的根本指导思想，进而也为自然资源部的职能定位、国土空间规划编制实施提供了最重要的理论支撑和实践依据。

为贯彻落实习近平生态文明思想，将"绿水青山就是金山银山"的科学论断转化为实实在在的政策措施，首先在 2012 年 11 月的中国共产党第十八次全国代表大会上做出了"大力推进生态文明建设"的重大决策，全面给出了在新的历史起点上进行生态文明建设的宏伟蓝图。生态文明建设是在中国面对"资源约束趋紧、环境污染严重、生态系统退化"的严重形势下做出的战略部署，其本质在于经济和社会发展要树立"尊重自然、顺应自然、保护自然"的生态文明理念，其战略定位是"将生态文明建设与经济建设、政治建设、文化建设、社会建设相并列，形成建设中国特色社会主义五位一体的总布局"。因此，生态文明建设是关系人民福祉、关乎民族未来的长远大计，是建设美丽中国、实现中华民族永续发展的根本保障，也是各级人民政府以及全社会的思想指南和根本标杆。同时，十八大报告提出了"优化、节约、保护、建设"的四大实现生态文明的基本途径。一是优化国土空间开发格局，通过加快实施主体功能区战略，构建科学合理的城镇化格局，促进生产空间、生活空间和生态空间有序发展的空间结构体系；二是要全面促进资源节约；三是加大自然生态系统和环境保护力度；四是加强生态文明制度建设，建立系统完整的生态文明制度体系。

2015 年 3 月 24 日，中共中央政治局召开会议，审议通过《关于加快推进生态文明建设的意见》，这是继党的十八大和十八届三中、四中全会对生态文明建设作出顶层设计后，中央对生态文明建设的一次全面部署。2015 年 9 月，中共中央、国务院印发了《生态文明体制改革总体方案》，这是对生态文明制度建设的具体落实。

方案提出，要坚持节约资源和保护环境的基本国策，坚持节约优先、保护优先、自然恢复为主的方针，立足我国社会主义初级阶段的基本国情和新的阶段性特征，以建设美丽中国为目标，以正确处理人与自然关系为核心，以解决生态环境领域突出问题为导向，保障国家生态安全，改善环境质量，提高资源利用效率，推动形成人与自然和谐发展的现代化建设新格局。

在完善和建立国土空间开发保护制度上，一方面要健全国土空间用途管制制度。简化自上而下的用地指标控制体系，调整按行政区和用地基数分配指标的做法。将开发强度指标分解到各县级行政区，作为约束性指标，控制建设用地总量。将用途管制扩大到所有自然生态空间，划定并严守生态红线，严禁任意改变用途，防止不合理开发建设活动对生态红线的破坏。完善覆盖全部国土空间的监测系统，动态检测国土空间变化。另一方面要完善自然资源监管体制。将分散在各部门的有关用途管制职责，逐步统一到一个部门，统一行使所有国土空间的用途管制职责。

在具体目标上，方案指出，到 2020 年，构建起由自然资源资产产权制度、国土空间开发保护制度、空间规划体系、资源总量管理和全面节约制度、资源有偿使用和生态补偿制度、环境治理体系、环境治理和生态保护市场体系、生态文明绩效评价考核和责任追究制度等八项制度构成的产权清晰、多元参与、激励约束并重、系统完整的生态文明制度体系，推进生态文明领域国家治理体系和治理能力现代化，努力走向社会主义生态文明新时代。在这八大生态文明制度中，国土空间开发保护制度和空间规划体系直接关系到国土空间的开发、保护和建设，同时也直接关系到国土空间规划的开展和实施。特别是在空间规划体系的条文中，对空间规划和“多规合一”工作进行了明确部署，具体如下：

(1)编制空间规划。整合目前各部门分头编制的各类空间性规划，编制统一的空间规划，实现规划全覆盖。空间规划是国家空间发展的指南，可持续发展的空间蓝图，是各类开发建设活动的基本依据。空间规划分为国家、省、市县(设区的市空间规划范围为市辖区)三级，研究建立统一规范的空间规划编制机制，鼓励开展省级空间规划试点，编制京津冀空间规划。

(2)推进市县“多规合一”。支持市县推进“多规合一”，统一编制市县空间规划，逐步形成一个市县一个规划、一张蓝图。市县空间规划要统一土地分类标准，根据主体功能定位和省级空间规划要求，划定生产空间、生活空间、生态空间，明确城镇建设区、工业区、农村居民点等的开发边界，以及耕地、林地、草原、河流、湖泊、湿地等的保护边界，加强对城市地下空间的统筹规划。加强对市县“多规合一”试点的指导，研究制定市县空间规划编制指引和技术规范，形成可复制、能推广的经验。

(3)创新实现空间规划编制办法。探索规范化的市县空间规划编制程序,扩大社会参与,增强规划的科学性和透明度。鼓励试点地区进行规划编制部门整合,由一个部门负责编制市县空间规划,可成立由专业人员和有关方面代表组成的规划评议委员会。规划编制前应当进行资源环境承载力评价,以评价结果作为规划的基本依据。规划编制过程中应当广泛征求各方面意见,全文公布规划草案,充分听取当地居民意见。规划经评议委员会论证通过后,由当地人民代表大会审议通过,并报上级政府部门备案。规划成果应包括规划文本和较高精度的规划图,并在网络和其他本地媒体公布。鼓励当地居民对规划执行进行监督,对违反规划的开发建设行为进行举报。当地人民代表大会及其常务委员会要定期听取空间规划执行情况报告,对当地政府违反规划的行为进行问责。

综上,生态文明建设是中国特色社会主义事业的重要内容,关系人民福祉,关乎民族未来,事关“两个一百年”奋斗目标和中华民族伟大复兴中国梦的实现。同时,生态文明建设也构成了国土空间规划最重要的时代背景,其为国土空间规划注入了基于“绿水青山就是金山银山”的生态文明观和“山水林田湖草是生命共同体”的自然资源观,这两个科学观点在理论上构成了国土空间规划的灵魂和基石,在实践上则为国土空间规划编制实施提供了可操作、可应用的工作支点。可以预见,生态文明建设不仅能实现“既要金山银山,又要青山绿水”的战略目标,又必然能为中华民族永享集约高效的生产空间、优美宜居的生活空间、山清水秀的生态空间提供科学的世界观和方法论,其必将促进生产方法和生活方式的根本改变,进而促进中国经济和社会发展、自然生态环境保护的全新转型,从而为实现真正的可持续发展夯实基础。

### 1.2.2 规划事权冲突

生态文明建设是国土空间规划的宏观时代背景,那么规划事权的冲突和矛盾则是国土空间规划开展的客观现实需要。从逻辑理论上看,同一个国土空间单元应具有单一的空间功能,如建设用地或非建设用地,又如建设用地中的工业用地或居住用地等。但由于我国规划体系庞大,各类规划从属不同的政府部门,而每个部门所主导编制的规划都对国土空间单元赋予了基于本部门利益和视角出发的功能定位。显然,这种制度上的安排对国土空间开发利用造成的冲突和矛盾也就在所难免。最常见的就是城乡规划和土地利用总体规划的空间冲突,如某个空间单元在城乡规划里是建设用地,而在土地利用总体规划里则是非建设用地。这种冲突和矛盾必然会导致部门之间的空间博弈日趋激烈,不同部门在规划事权上的冲突和矛盾也愈发严重,具体表现有以下几点。

(1)规划事权内涵界定模糊

规划事权分为纵向规划事权和横向规划事权，其中，纵向规划事权分工不明确，出现职能同构现象，每个层次管辖的内容大而全，但是管制的重点不够突出，此外，纵向规划事权还存在上下衔接不足现象。横向规划事权职责划分原则化，致使问题处理不清晰，降低规划事权效率。更重要的是，规划事权界定不清晰，更导致了空间要素的交叉管制问题较为突出，尤其是国土与规划两个部门在规划事权上的冲突。

(2)规划事权层级出现错位

由于既有的规划体系庞大，编制内容复杂，涉及部门较多，出现了法定规划的层级与政府层级关联性弱的现象。同时，编制、实施体系与行政体系的关联度不够，这就使规划事权在规划编制中出现缺位和错位现象，规划编制体系与行政体系层级不对应，从而导致空间管制能力下降。

(3)上级政府干预地方规划过多

在我国特有的体制和基本国情背景下，上级政府相对拥有更多的职权(包括财权)，导致其过多参与地方事务。同时，上级规划是下级规划编制的依据，上级部门对下级规划有审批及监督实施的权利。这既造成规划在实施过程中的不适应性，又导致上级部门因困于细节审查而难以把握更为重要的城市结构与底线。因此，“权利上行”这一特点导致地方规划被过多干预，致使出现城市规划编制周期长、实施难、监管差等问题。

(4)规划事权冲突愈演愈烈

我国既有空间性规划体系中存在着种类丰富、数量众多的显著特点，主要包括：发改部门负责国民经济和社会发展规划，国土部门负责土地利用总体规划，住建部门负责城乡规划，环保部门负责生态环境保护规划等。由于各部门均拥有不同法律法规赋予的空间规划事权，并基于自身的话语体系对空间要素进行配置，都在一定程度上强调自己规划的权威性和主导型，因而在发展思路、总体目标、人口规模、用地规模和空间布局等方面的冲突也就成为必然，“九龙治水”的困局也就成为必然，而且随着城镇化加速和城市规模扩大，这种冲突在近年来愈演愈烈，严重制约了政府的空间治理能力。因此，全社会各行各业都迫切需要对此现象进行改革，由此提高开发建设的效率和效益。

总之，作为一种制度安排，规划事权冲突由来已久，客观存在。但在当前生态文明建设的时代要求下，其与“设立国有自然资源资产管理和自然生态监管机构，统一行使全民所有自然资源资产所有者职责”的重大战略部署格格不入，并严重影响到“一张蓝图干到底”的基本理念。因此，解决规划事权冲突、构建“同一个国土空间、同一本规划”就成为历史的必然，这也构成了国土空间规划产生的另一个客观背景。

### 1.2.3 多规合一工作

谈到国土空间规划,必然就要说起“多规合一”工作。事实上,“多规合一”工作与国土空间规划常常一起出现在国家有关政策文件中,可以说,“多规合一”工作是当前国土空间规划开展的前奏和基础,国土空间规划是“多规合一”工作的自然延续和必然结果。因此,有必要对“多规合一”工作进行分析梳理,由此为深刻认识国土空间规划奠定基础。

“多规合一”工作开展的缘起正是前述的各种空间性规划的冲突与矛盾。改革开放以来,我国建立了比较完整的规划体系,各类规划在国家治理体系建设中发挥了重要而积极的作用。但是,也存在各种规划之间衔接不够、相互打架以及规划权威性不够、实施管控不力等问题。特别是各类空间性规划在技术方法、标准规范、管理体制等方面不协调不一致的问题日益突出,这已经严重影响了国家空间治理效率,不利于经济社会持续健康发展。长期以来,我国的空间性规划逐渐确定了“3＋X”的基本体系,“3”即三大规划,包括国民经济和社会发展规划、城乡规划和土地利用总体规划,“X”即多个重要的专项规划,包括环保、交通、水利、林业等。这些规划分别由发改委、住建、国土、环保等部门分级制定、实施和监管,各自都拥有固定的编制机构、技术方法和标准规范,都形成了一套成熟的规划编制、审批和实施的工作流程,当然在各自管辖领域内都具有相应的地位和权力。

这些规划基本上都要涉及国土空间单元和空间要素的布局和定位,但由于制度带来的条块分割和利益差异,不同部门的不同规划存在着一定的空间冲突,通常存在四个冲突,即目标冲突、内容冲突、管控冲突和参数冲突。这样,在中国的规划领域就客观存在着“九龙治水”的局面。在实践中,这种局面会让人陷入规划困境之中,面对各部门的各种规划成果,很容易让开发建设者不知依据何种规划,同时也会让违法建设钻规划漏洞而大行其道。其结果是一方面可能导致项目重复建设和国家资源资产的浪费与流失;另一方面则对政府的公信力造成负面影响,也影响到了规划的社会地位和形象。

就是因为存在上述愈发明显的弊端,“多规合一”工作才成为国家和社会的强烈需求以及行业、部门和学界的共同呼吁,并成为中国规划体系改革的重要一环。具体而言,“多规合一”工作是指在统一的空间信息平台上,将经济社会发展规划、城乡规划、土地利用总体规划、环保规划等空间性规划进行无缝衔接和协调统一,确保多规确定的目标、规模、结构、布局、项目等空间参数和非空间参数的统一性,由此实现空间布局优化、资源配置有效、空间管控一致的基本目标,进而解决空间规划重叠、冲突和矛盾的突出问题,形成空间开发建设和保护的“一张图”,最终为提升政府的空间治理效率和效益奠定基础。

2014 年 8 月，国家发改委、国土部、环保部、住建部联合发文《关于开展市县“多规合一”试点工作的通知》（发改规划[2014]1971 号），部署开展“多规合一”工作，重点解决国民经济和社会发展规划、土地利用总体规划、生态环境保护规划和城乡规划的四规合一问题，形成一个市县一本规划、一张蓝图。同时，探索完善市县空间规划体系，建立相关规划衔接协调机制。按照文件表述，“多规合一”工作的重要性、功能作用和意义在于：其是解决目前各类空间性规划自成体系、内容冲突、缺乏衔接协调等突出问题，保障相关规划有效实施的迫切要求；是强化政府空间管控能力，实现国土空间集约、高效、可持续利用的重要举措；是改革政府规划体制，建立统一衔接、功能互补、相互协调的空间规划体系的重要基础，对于加快转变经济发展方式和优化空间开发模式，坚定不移实施主体功能区制度，促进经济社会与生态环境协调发展都具有重要意义。

“多规合一”工作是解决现实矛盾的产物，也是国家空间治理体系改革发展的一项重要内容，其从产生到现在经历了近 30 年的探索和实践。早在 20 世纪 80 年代末，武汉市就开始了“多规合一”工作的探索，其把城乡规划与土地管理行政体制进行了合并，从而为城乡规划和土地利用规划的两规合一提供了条件；而 20 世纪 90 年代初期，武汉城市总体规划、土地利用总体规划与国民经济和社会发展“九五”计划同步编制，探索了三规合一的可能性。此后，在国家和省部级层面上，“多规合一”工作都得到了探索、试点和推进。本质上看，“多规合一”工作的重点在于各种各类空间性规划的协调统一，其并不是采用“拼凑模式”将所有规划简单地进行合并，也不会取缔任何一个法定规划。随着 2018 年 4 月 10 日自然资源部的挂牌成立，“多规合一”工作的历史使命得以顺利完成，而诞生于“多规合一”基础上的国土空间规划则正式迎来了自己的时代，也由此开启了中国规划领域的一个全新格局。

## 1.3　研究内容

国土空间规划是新时代的一种新规划，在概念内涵、体系架构、技术方法等方面仍是研究和实践的热点与焦点。本书是一次大胆尝试和有益探索，以笔者的国土空间规划编制实践及其思考为基础，根据国家、部委、安徽省相关政策文件要求和精神，初步提出了一些浅显的看法和认知，以期为国土空间规划研究和实践提供些许参考和借鉴。

总体上，本书针对当前国土空间规划已经明确并得到共识的内容进行重点分析，这些内容主要包括：基于资源环境承载力和国土空间开发适宜性的两大国土空间基础评价，城镇、农业和生态三大空间划分，城镇开发边界、永久基本农田控制线、生态保护红线三大空间控制线划定等。而对于尚未明确和形成共识的内容则进行一些探讨，以供读者参考。

具体的，本书以国土空间规划"是什么""做什么""如何做"这三大问题为主线展开，主要内容包括国土空间规划理论构建、国土空间规划方法探索以及国土空间规划实践案例等三大部分。

(1)国土空间规划理论构建

在系统分析梳理国土空间规划相关概念、基本理论以及国内外空间规划发展历程的基础上，尝试构建国土空间规划理论，具体包括国土空间规划基本内涵、国土空间规划目的意义、国土空间规划编制流程、国土空间规划编制内容、国土空间规划编制成果等内容。

(2)国土空间规划方法探索

在国土空间规划理论构建的基础上，针对编制内容中的关键核心问题，探索相对应的技术方法，主要包括资源环境承载力评价方法，国土空间开发适宜性评价方法，城镇空间、农业空间和生态空间划分方法，城镇开发边界等空间控制线划定方法，规划数据处理方法等，由此为国土空间规划编制提供坚实的技术支撑。

(3)国土空间规划编制案例

以安徽省典型市县(淮北市、肥东县)国土空间规划编制为案例，具体应用了所构建的国土空间规划理论方法，研究将全面给出相关市县国土空间规划编制的主要内容和成果，由此为国土空间规划编制提供参考和示范。

总体上，通过上述主要内容的梳理分析和探索，将具有一定的理论意义和实践意义。首先，在理论上可以明确国土空间规划是构建国家空间治理体系的关键抓手，也是解决"人—地"关系矛盾、实现可持续发展、建设生态文明、实现自然资源资产统一监管的空间制度架构。本书的探讨将能为国土空间规划理论研究提供参考，为读者认识理解国土空间规划提供借鉴，从而有利于在新的时代背景下丰富和拓展国土空间规划理论研究的内容体系。在实践上，本书试图理清国土空间规划编制的基本内容，并针对编制中的关键环节提供相应的技术方法，在此基础上，通过实践案例进行应用研究，以期为国土空间规划开展提供一定的示范和参考。

# 2 相关研究与实践

## 2.1 基本概念

### 2.1.1 国土

一般认为,“国土”包括狭义和广义的两种理解。狭义的“国土”是指一种政治地域概念,其包括主权国家管辖下的领土、领海和领空三大部分。而广义的“国土”是国家主权与主权权利管辖范围内的地域空间,包括国家的陆地、陆上水域、内水、领海及其底土和上空,是由自然和人文两种要素组成的物质实体,是国家社会经济发展的物质基础或资源、国民生存和从事各种活动的场所或环境。简言之,国土就是一国人民赖以生存发展的空间场所以及这个空间场所范围内的全部资源。从人与自然的关系角度看,国土是人和自然环境之间密切联系的综合体现,是以自然地理环境为基础,以人为主体的矛盾统一体,具有自然和社会的双重属性。

与“国土”紧密相连的另一个词语是“国土资源”,其是国家所拥有的一切资源,包括自然资源(如土地、水、生物、矿产、海洋、气候和风景资源等),也包括人口、劳动力等社会经济资源。国土资源的开发利用不仅受自然规律制约,而且受一定社会制度下的经济规律支配。合理开发利用国土资源,谋求最佳的经济效益、生态效益和社会效益,使社会经济与人口、资源、环境之间得到协调发展,从而建立起一个生产发展、生态平衡和生活舒适的国土环境。

### 2.1.2 空间

“空间”是国土空间规划的关键词,也是众多学科研究的焦点,包括地理学、城市与区域规划、建筑学、风景园林等在内的多个学科均把空间作为本学科研究的落脚点。早在春秋时期,伟大的哲学家和思想家老子在《道德经》中就对空间做出了精辟的论述:“三十辐共一毂,当其无,有车之用。埏埴以为器,当其无,有器之用。凿户牖以为室,当其无,有室之用。故有之以为利,无之以为用。”此处的“有”是有形的物质(车、器、室),而其中的“无”即是空间,是真正被人们所使用的部分。现代意义上的空间则具有多种含义,既可以是实体空间(如宇宙空间、区域空间、城市空间、建筑空间等),也可以是抽象空间(如思想空间、信息空间等)。这些“空间”都紧密地与其所属的学科结合在一起,成为具有特定含义的专业名词。

从人类规划、建设自己家园(城市、乡村)的实践过程来看,空间特指地球表面的一部分,由水平空间和垂直空间共同构成。从不同的尺度来看,空间可以分为宏观、中观、微观三大层面。其中,宏观包括全球尺度、区域尺度;中观包括城市、乡村尺度;微观则为具体的单体建筑等。这三个尺度的空间相互联系、互为补充,共同构成一个连续的、人类赖以生存发展的物质空间。从中国当前的国土空间规划产生的时代背景来看,国土空间规划中的“空间”主要是指宏观和中观层面的尺度,宏观上包括全国、省域尺度上的国土空间规划,中观上则主要指的是市县层面上的国土空间规划。

### 2.1.3 规划

“凡事预则立,不预则废”。“预”即规划,是对未来发展建设的统筹安排和总体布局,是在针对现状与未来进行科学分析和预测的基础上进行的“有所为”和“有所不为”。规划包括两个意思:其一是一种综合“全面、长远”双重特性的发展计划;其二则指的是一种活动即做规划。在中国,规划一词具有悠久的历史,早在《管子》中就明确提出选址造城的基本原则,即“凡立国都,非于大山之下,必于广川之上,高毋近旱而水用足,下毋近水而沟防省”。《周礼·考工记》中则更为明确地记载了如何规划都城,其“匠人营国,方九里,旁三门,国中九经九纬,经涂九轨,左祖右社,面朝后市,市朝一夫”的论述成为中国古代造城的经典模式。而《北史》中用“凡所规划,皆出于恺”记载了宇文恺营建隋大兴城的活动。

从现代意义的角度看,规划作为一项普遍的活动,是指编制一个有条理的行动计划,将社会推向一个共同目标的一系列共同参与行动,在这个过程中要实现一个或数个预定目标,其书面文件(图纸、报告等)则是规划的主要技术成果。进一步来说,规划是一个能够获得政府、社会共识的城市和区域的发展战略,是一种确保部门政策更具有连续性、更好地发挥协同作用的工具。总之,规划是人类活动内在选择的计划安排和行动方案,现代规划不仅是传统意义上的物质空间安排,而且是耦合了更多更复杂经济社会要素的“空间-非空间”的统一体。

### 2.1.4 空间规划

1980 年,一个特定含义的专用概念和正式名词被提出,即“空间规划”。欧盟委员会引入“空间规划(spatial planning)”一词,作为一个中立的通用术语,其初衷是区别于任何一个成员国家各自的空间管理与发展制度,并先后启动了多项空间规划研究计划。1999 年，欧盟正式出版了《欧洲空间发展展望》，这标志着空间规划的理论与实践在欧洲得到高度关注，其在全球空间规划领域产生了积极的推动和示范引领作用。尽管空间规划是一个较新的概念，但是空间规划的理念却早已根植于欧洲的规划传统。随着欧盟的不断发展，特别是受欧盟政治、行政和财政不断强化的影响，空间规划在欧盟各国达成共识并得以普遍展开，许多国家都修改或制定了相应的法律法规。同时，在欧盟跨国规划的实践中，空间规划逐步明确为一个专用概念，世界各国也逐步认识和开展了战略空间规划的理论和实践研究。此外，空间规划在欧盟成员国中具有特定的名称，例如法国的国土规划、英国的城乡规划、德国的空间秩序规划、荷兰的空间规划等。之后，美国、日本、韩国等都曾相继提出空间规划的概念，并提出了不同的定义，详见表 2－1 所列。

**表 2－1 空间规划的定义**

| 来源 | 定义 |
| --- | --- |
| 《欧洲区域/空间规划宪章》，1983 | 经济、社会、文化和生态等政策的地理表达 |
| INTERREG（欧洲区域间计划） | 通过管理领土开发和协调行业政策的空间影响，影响空间结构的行动 |
| Williams，1996 | 空间规划是影响未来活动的空间布局的一种方法或过程，是任何地理尺度的空间政策的承载和实施平台；空间规划与空间政策是不同的，前者是在任何地理尺度上对地域活动进行的配置，后者是影响空间位置和土地利用决策的所有政策 |
| CEC（欧共体委员会），1997 | 是主要由公共部门使用的影响未来活动空间分布的方法，目的是创造一个更合理的土地利用和功能关系的领土组织，平衡保护环境和发展两个需求，以达成社会和经济发展总的目标。空间规划包括协调其他行业政策的空间影响，达成区域之间一个比单纯由市场力量创造的更均匀的经济发展的分布，规范土地和财产使用的转换 |
| Healey，et al，1997 | 空间规划是指设定空间发展框架和原则，以引导空间开发和基础设施的布局，它包括开发战略、规划项目、政策以及规划时限和管制等 |
| OECD（经济合作与发展组织），2001 | 空间规划根据领土单元，如国家、区域和地方等，跨越处理经济、社会和环境等不同种类问题的广泛的行业政策领域，考虑行业政策间的相互作用 |
| Bohme，2002 | 空间规划是一种欧式英语，这一概念被用来塑造欧洲在规划或空间领域的地位，是一个中立的、与欧盟各个成员国的实际规划制度无直接联系的术语。“一种区域经济规划方法、一种综合统筹的规划方法、土地管理和城市化”是对空间规划非常重要的四个术语 |

（续表）

| 来源 | 定义 |
| --- | --- |
| ODPM(英国副总理办公室,可持续发展研究机构),2004 | 空间规划超越了传统的土地利用规划,带来并整合了经济发展和土地利用相关政策,影响地域属性和功能 |
| COE（欧洲理事会） | 区域空间规划是经济、社会、文化和生态政策在空间上的体现,目标是实现区域的平衡发展以及空间安排,是一种跨区域的、综合性的规划方法 |
| ODPM（英国首相办公室） | 空间规划超越了传统的用地规划,致力于通过用地空间来影响空间功能和性质的政策及项目的协调与整合 |
| 韩国 | 为了解决国土空间问题并创造国土条件而编制的空间计划 |
| 德国 | 公共权力对各种空间尺度范围(地方及其以上)的土地使用所进行的空间性规划,主要功能是通过协调一切有关空间的利益、职能和方案,指引经济、社会活动的空间安排 |
| 荷兰 | 为了解决区域发展不平衡和控制大城市过度膨胀、提高人们的生活水平而进行的空间性规划 |

空间规划是对国土空间综合优化的一种方法和工具。从不同视角理解空间规划,它具有不同的本质内涵。从现实看,空间规划是具有高起点定位的统筹性的战略性规划;从权利上看,空间规划是分配国土空间发展权的一种操作工具;从宗旨上看,空间规划是引导国土空间未来利用的行动方针;从行政上看,空间规划是纠正土地市场失灵的一种管控措施;从功能上看,空间规划是优化国土系统时空的关键抓手。需要特别指出的是,在方法论层面上,空间规划的编制需要包含定性、定用、定量、定位、定序的“五定方案”,在遵守五重框架约束条件的基础上,实现空间规划效益最优化。总之,空间规划是改革规划管理体制、统筹城乡发展、推进新型城镇化、实现国土生态文明、完善政府治理机制、保障社会经济可持续发展的战略工具。

随着空间规划的发展和应用,空间规划分类方式多样化。按照空间规划概念,可分为广义和狭义空间规划,其中,广义空间规划泛指物质形体空间的规划设计,如外部空间、城市空间规划、城市开敞空间规划设计等。因为规划很少有能离开空间问题(或者至少涉及空间问题)进行的,所以几乎所有的规划都可以称为空间规划,本书把这种理解定位为空间规划的广义概念。按照空间尺度,空间规划可分为国际、国家、省(州)和市县等不同空间尺度的规划。按照法定程度和实施力度等,空间规划可分为指引性空间规划和控制性空间规划,其中指引性空间规划为非规范性的规划，包括战略、愿景、前景和研究报告等，这类规划只是建立共识，约束力弱；控制性空间规划是规范性的、法定的规划，或有其他强制性实施机制，约束力强。

综上，目前关于空间规划的概念尚未形成统一界定。尽管各国对于空间规划的定义有所不同，但其基本含义均是从自然、经济、社会等综合条件出发，对未来的各种空间活动作出合理的安排。空间规划通常由公共部门编制，旨在形成更合理的土地利用空间组织及相互关系，以达到经济、社会和生态环境协调发展的综合目标。总之，空间规划在当前社会发展中具有日益重要的地位和作用，空间规划不仅是协调各部门利益冲突的政策工具，而且是促进经济、社会、生态协调发展的有效措施，更是政府用以提高生活水平、管理资源和保护环境、合理利用土地、平衡区域协调发展的基本手段。基于此，尽管空间规划定义和称谓均不同，但其基本内容相似，各国的空间规划仍然可以相互借鉴，进而推动当前国土空间规划的发展。

### 2.1.5 国土空间规划

国土空间规划是依据国家经济社会发展战略和国土自然条件和经济社会条件，统筹区域国土资源禀赋及开发利用、经济与社会活动、生态环境治理与保护三者关系的资源空间配置、开发利用管理和布局优化的总体方案，具有战略性、引导性和约束性。作为政府进行宏观调控的有效工具，其战略性表现为时间的长远性(15—20 年)、空间的广域性和内容的综合性。国土空间规划是世界各国关注的焦点，以欧盟、美国和日本为代表的发达地区或国家，近年来国土空间规划在相关法律、规划体系等方面都在延续本国特色的同时有了相同的发展趋势，即这些地区或国家都将国土空间规划定位为综合性的上位规划，由此决定了该规划在协调区域均衡与可持续发展中的重要作用和现实意义。

对于中国来说，国土空间规划具有划时代的意义，其是国家意志和发展思路的一个重要战略抓手，直接体现了新时代中国构建现代化国土空间治理体系的目标和路径。虽然中国的空间性规划如主体功能区规划、城乡规划等种类丰富，但直接明确地以空间规划来命名这是第一次，预示着中国也将拥有自己的空间规划，在世界空间规划体系中占有一席之地。其次，国土空间规划的诞生意味着过去多个空间性规划冲突矛盾的局面将彻底改变，其将以全面系统、层级清晰、分工明确为主要特点，对各类空间性规划进行统筹细分和衔接协调，有效解决各类空间性规划存在的“规划打架、规划错位、规划失效、规划审批流程复杂”等突出问题，提高空间规划编制质量和实施效率，尤其是在空间资源配置方面提高空间治理能力，进一步实现真正意义上的“多规合一”即空间规划，这将在规划领域产生重要而深远的影响，对推进国家空间治理体系和治理能力的现代化具有重大意义。最后,在空间规划前面加上国土两字,清晰地表明了国家的意志和愿景,即中国的空间性规划要完成整合与优化,要以自然资源的统一监管为核心,彻底改变过去"政出多门,九龙治水"的空间管控格局,由此构建山水林田湖草"生命共同体"统一保护的空间管控制度体系,进而将"绿水青山就是金山银山"的生态文明理念落到实处。

中国的国土空间规划具有鲜明的两大关键词即自然资源和生态文明,这也表明了其根本任务是通过对国土自然资源的全面监管来实现国家生态文明建设目标。因此,国土空间规划编制必须紧扣这两个关键词,要牢固树立自然资源观和生态文明观。也只有抓住这两个核心,才能真正理解国家进行机构改革、组建自然资源部、力推国土空间规划的初衷和目的,才能真正科学编制国土空间规划,发挥其在自然资源统一监管、构建生态文明社会中的战略引领与刚性管控作用。

还应指出的是,国土空间分区是国土空间规划的核心基础支撑,是国土空间优化配置的重要内容,是制定差别化自然资源管理政策的主要依据。例如,通过把国土空间划分为城镇空间、农业空间和生态空间等三大空间并进行统筹优化,进而实现对土地、水体、林木、矿产、能源、生物等自然资源进行科学管理。因此,探讨国土空间分区方法对优化国土空间开发格局、规范国土空间秩序、促进区域城乡协调发展具有重要意义。

综上分析可知,上述五个基本概念紧密相连,共同构成了国土空间规划研究领域的基础概念。同时,五个基本概念之间又有区别,其中,国土、空间和规划是最基础性的概念,涵盖范围最广;空间规划是一种规划类型,从本质上看,其是对未来各种空间活动(开发、利用、保护等)作出的合理安排;而国土空间规划则是空间规划的一个子集,是一种具有自身鲜明特点的空间规划类型,其是针对国土空间即国土中具有人类活动特征的区域所进行的布局和安排,由此为人类的开发建设活动提供科学依据。

## 2.2 基础理论

### 2.2.1 可持续发展理论

从忽略自然而受到自然惩罚,到最终选择可持续发展,这是人类文明进化的一次重大历史转折,是20世纪人类的世纪觉醒,是一种划时代的思想。工业化带来了生态破坏、环境污染、水土流失、森林减少、气候异常、资源枯竭、物种消失等问题,这些生态环境问题归根到底是由于人类的行为不当而产生的,因此,选择致力于解决人与自然矛盾的可持续发展之路是历史的必然。但应看到，可持续发展是一个复杂的系统工程，是生态环境问题、经济问题、社会问题的有机统一，其深刻揭示了“自然—经济—社会”复杂系统的运行机制。

在可持续发展的研究中，资本被定义为人们生活福利的源泉，是实现可持续发展的基础，可持续发展要求留给下一代的资本不能降低，此处的资本包括自然资本、人造资本（机器、设备、厂房、基础设施等）和人力资本。其中，自然资本是可持续发展研究的核心概念之一。传统的资本理论认为自然资源是可以无限供给的，所以只关注人造资本、人力资本，自然资本是被忽略的。一直到了生态环境问题日益恶化的时候，自然环境的价值才得到重视，自然资源才作为一种资本进入了研究范畴，成为可持续发展研究的重要内容之一。总体上，自然资本是指在一定的时空条件下，自然资源及其所处的环境在可预见的未来能够产生自然资源流和服务流的存量，如土地、矿产、大气、动植物、微生物及其所组成的生态系统和环境等。自然资本的核心价值在于其提供了合适的生态环境条件让人类社会得以存在和发展。生态系统可以容忍有限的破坏，但其生态极限一旦被破坏，整个系统将会崩溃，从而给人类社会带来灾难。

为了使可持续发展更具有针对性而产生了关键自然资本的概念。关键自然资本就是环境中对生命维持系统、生物多样性和其他功能起决定性作用的部分；是担负着重要而不可替代功能、应优先保存的自然资本；其实际上是自然资本的一个亚族，包括具有生态意义的生命维持系统和不可替代的具有人文价值的人工制品。关键自然资本具有两重重要的意义，首先是对人类的福利至关重要，其次是对人类的长期生存至关重要，只要在这两种意义上都重要的生态资产就是关键自然资本。例如臭氧层、生物多样性、饮用水等都是关键自然资本，因为这类自然资本的破坏将会威胁到生态系统的首要生命支持功能。可见，关键自然资本是一系列发挥重要功能的生态环境资源，没有它们，人类就无法生存，并且各种人力资本、物质生存资本以及现存的其他自然资本都无法替代它们。此外，关键自然资本还有一个不可替代性。例如，耕地和地下水之间不能够相互替代，耕地提供粮食、地下水提供水源，二者都是人类生存的基本条件，缺一不可，不能说耕地可以替代地下水，反之亦然。总之，和广义的自然资本相比，关键自然资本是一个更为具体、更易理解和衡量的概念。尽管对关键自然资本的定义有很多，但“不可替代的重要的生态与生命支持功能”始终是关键自然资本的核心所在，可持续发展要求一个国家或地区的关键自然资本存量不随时间而减少。

人类面临的全球性资源环境危机也明确揭示，经济增长对自然资本的数量与流速要求不能超出特定生态系统所能承受的范围。这意味着可持续发展的本质在于其给经济社会发展提出了一个长期的生态约束和限制，这一点和生态文明建设具有完全一致性。可持续发展以自然、经济、社会的共同改善和持续、稳定、健康发展为特点,以经济社会发展无损于生态环境为前提,以自然资本消耗的极小化和人造资本产出价值的最大化为目的,以资源的永续利用和良好的生态环境为标志,也就是要把资源环境承载力作为资源开发利用的基本限制条件,经济社会发展必须以不破坏生态环境为前提。总之,真正的可持续发展必须把人类经济社会活动控制在资源环境承载力的范围内,从而既能满足当代人的需求,又不对后代人的发展构成危害。

### 2.2.2 人地关系理论

人地关系是一种不以人的意志为转移的客观存在,人地关系理论则是对这种客观存在关系的主观认识。近年来,伴随全球性人口、资源、经济、社会和环境问题的日益加剧,人地关系矛盾日益突出,人地关系研究也由此成为当前学术研究的重要命题之一,而且随着科学技术的发展,人地关系理论也日益丰富和完善。

人地关系中的"人"是指人类,既是个体也是人类社会。人地关系中的"地"是指地理环境,包括自然环境和社会环境两个方面,其不再具有单纯的"自然性",而是与人类活动双向生成并包容人类活动及其产物的系统。人与自然是相互作用的,人不仅从自然获取生活与生产的物质和能量,而且将生活、生产中产生的废物也排放于自然。马克思、恩格斯曾深刻反思过人与自然的关系问题,认为人是自然界长期发展的产物,自然是人类赖以生存和发展的基础,因此,人类应当充分尊重自然界的优先地位和自然界发展的客观规律。

1979年,著名的人文地理学家吴传钧院士明确提出了"人—地关系系统是地理学研究核心"的观点。"人—地关系系统"是人和地两方面的要素按照一定的规律交织在一起的复杂的、开放的巨系统,其以地球表面的一定地区为基础,具有特定的结构、功能机制和空间范围,由此,从地球表层系统到人—地关系系统,再到可持续发展形成了地理学研究的一条新主线。而近年来随着技术进步、制度变迁以及信息化、全球化的发展,人地关系的本质与内涵、基本特征、客观规律和学科分支等问题得到了进一步挖掘,实现了人地关系研究视角由单源切入向多源转化、从哲学思辨向理性升华的转变。同时,新型人地关系理论不断出现,进一步形成人地关系理论体系。需要特别指出的是,随着新型人地关系理论体系的构建,与理论相适应的研究方法也层出不穷,被广泛应用于人地系统研究与区域发展的实践中,以期解决不同时空尺度下的国家、城市与区域发展问题,同时为解决不同领域的可持续发展问题提供理论方法。

### 2.2.3 城市开发边界理论

城市开发边界(UDB:Urban Development Boundary;又称城市增长边界)起源

于霍华德的田园城市理论。田园城市是有适宜规模的，而城市规模需通过城市外围绿带进行限制，这种绿带就是针对城市开发边界的最早设想。此后，1944 年的大伦敦规划通过在城市外围划定绿带环，以限制城市的无序扩张，其具体做法是：在半径约 48 千米的范围内，由内向外划分为四层地域圈(内圈、近郊圈、绿带圈、外圈)。内圈是控制工业、改造旧街坊、降低人口密度、恢复功能的地区；近郊圈作为建设良好的居住区和健全地方自治团体的地区；绿带圈的宽度约 16 千米，以农业和游憩地带为主，严格控制建设，作为制止城市向外扩展的屏障；外圈计划建设 8 个具有工作场所和居住区的新城。

20 世纪 60 年代以来，美国在面对城市蔓延带来的系列问题上，先后出现了“精明增长”“增长管理”“填充式开发”及“新城市主义”等理论与思潮，并进行了城市增长管理和土地利用管制政策改革的探索。城市开发边界便是在这种背景下于 1976 年由美国俄勒冈州塞勒姆市提出，该市划定了塞勒姆都市区的发展范围，用于解决当时塞勒姆市与其相邻的两县在城市规划管理中的冲突。“城市开发边界”是“城市土地和农村土地之间的分界线”，同时规定边界以内的土地可以用作城市建设用地进行开发，边界以外的土地则不可用于城市建设用地开发。总体上，城市开发边界是由美国首先采用的一种城市用地管理政策工具，主要的划定目的在于控制城市空间的无序蔓延。随后波特兰、墨尔本等城市持续开展了划定城市开发边界的实践，在应对由于人口增长和小汽车普及导致的城市蔓延问题中取得了显著效果。

相比国外，中国的城市开发边界研究与实践起步较晚。2006 年颁布的《城市规划编制办法》首次提出“总体规划纲要应研究中心城区空间增长边界，确定建设用地规模，划定建设用地范围”。随后研究运用多种方法从“城市增长需求”和“生态环境约束”两个角度对城市开发边界的划定方法进行了探索。自 2007 年起，城市开发边界的研究被给予了广泛关注，多地开展了关于城市开发边界划定的实践和划定方法的讨论。以苏州为例，苏州以自然—生态—社会经济的综合影响为视角，采用定性与定量相结合的方法划定城市开发边界。首先分析城市空间增长过程；然后进行用地适宜性评价，划定刚性增长边界；最后在可建设用地范围内考虑城市未来可能形成的空间结构，结合公共服务中心、区域交通基础设施、城市布局形态等要素对城市开发边界进行定性修正，划定弹性增长边界。

自 2013 年中央城镇化会议提出“科学设置开发强度，尽快把每个城市特别是特大城市开发边界划定，把城市放在大自然中，把绿水青山保留给城市居民”的要求以来，城市开发边界划定工作进一步得到加强。2014 年 7 月，住房和城乡建设部与国土资源部共同确定首批 14 个城市开展划定城市开发边界试点工作，将开发边界作为城市发展的刚性约定。当前，首批试点城市的开发边界划定工作已取得了初步成效,下一步则将其扩大到全国 600 多个城市。在当前有关国土空间规划的国家政策文件中,均把划定城镇开发边界作为一项最基础的工作任务,是空间管控最核心的控制线之一。因此,相关城市开发边界既有理论与实践成为国土空间规划的重要基础理论。

关于城市开发边界的定义,目前尚未统一。比较有代表性的观点是:从政府管理角度被定义为"政府所采用并在地图上标示,以区分城市化地区与周边生态开敞空间的重要界限";从保留地形地貌的角度看,其被定义为"大都市区域是应该具有地理界限的有限空间,这些地理界限的来源是地形、农田、分水岭、河流、海岸线和区域公园等,城市发展不应使城市的边界变得模糊或者是消失";从城乡关系的角度出发,其被认为是一条划分城市与乡村的分界线和一种城市空间控制与管理的手段。尽管当前对于城市开发边界的概念仍有不同理解,但已经在如下方面取得共识。

首先,城市开发边界是一种多目标的城市空间控制规划工具,其以生态、经济与社会效益的综合最大化为目标,力图将城市开发向适宜的地区引导,并规避风险地区和保护林地、水域、农田等生态敏感地区,同时结合紧凑增长理念来提高基础设施和公共服务设施的使用效率。

其次,城市开发边界不是一条固定的边界。可以根据城市发展的需要划定永久开发边界(刚性开发边界)和动态开发边界(弹性开发边界)。城市开发边界既需要划定永久不可开发的战略性保护区即刚性底线,也需要划定能应对难以预期的城市发展态势的弹性动态边界。

最后,划定城市开发边界的作用包括:控制城市无序蔓延,改变城市粗放型外延扩张的现状,优化城市空间形态和结构,促使城市建设由增量发展向存量管理转变;保护城市的水体、农田、林地、开敞空间和生态敏感区等生态环境基底,尽可能把青山绿水等自然资本和自然本底守住,由此改善城市生态环境、推进城市生态文明建设。

综上分析,三大理论共同构成了一个富有层次的国土空间规划理论支撑体系,其中,可持续发展理论是根本基础,人地关系理论是关键核心,城市开发边界理论是具体指导。可持续发展理论为国土空间规划提供了一个经济社会发展和自然生态保护协调进行的理论蓝图,为国土空间规划提供了根本目的即实现国土空间的可持续发展,由此为构建"绿水青山就是金山银山"和"山水林田湖草是生命共同体"的生态文明夯实基础。人地关系理论为国土空间规划指明了规划对象这一核心问题,即国土空间规划要对经济社会等"人"层面和自然生态等"地"层面上的各种要素进行统筹安排,由此才能全面系统地布局各项开发利用和保护修复活动。城市开发边界理论则是一个具体的指导,其为国土空间规划划定城镇开发边界、防止城镇无序扩张、优化城镇布局形态和功能结构提供了理论和技术方法上的支撑。

## 2.3　国外的空间规划

空间规划是经济社会发展到一定阶段，为了解决城市与区域空间发展与资源、环境的协调问题而产生的。发达国家具有较长的空间规划研究和实践历史。总体上，发达国家的空间规划理论和实践更加关注空间发展的整体性和协调性，各种规划形式统一为一种整合的、协调的和战略性的公共管理体系。欧洲国家把这种具有整合和协调空间发展功能的规划体系称为空间规划，其后成为欧洲国家乃至很多发达国家对不同地域层次规划体系的统称。从此点看，空间规划是注重空间地域的规划，与传统的城市规划相比，其更加注重地域发展的整体性、协调性和战略性，被认为是实现城市与区域可持续发展必不可少的公共管理工具。

20 世纪 80 年代末，特别是进入 20 世纪 90 年代，作为城市与区域空间组织的战略方法，空间规划得到了广泛认可和实施，但其与 20 世纪 60 年代的规划相比已经在规划过程和内容上发生了巨大变化。在 20 世纪的后 20 年，信息技术革命和全球化发展从根本上改变了人们的生活工作方式，进而产生了全新的城市与区域空间概念和空间形态，新都市主义、精明增长和宜居社区等理念被提出并得到实施。这些理念和行动关注的焦点是全球性的资源环境问题、社会稳定与公平问题、区域差异问题等，同时人们也深刻意识到这些问题的解决都需要在可持续发展理论的指导下，在宏观尺度（区域）、中观尺度（城市）上采取协调一致的行动，因此，在全球范围内，对世界城市、城市群、城市带、都市区等城市与区域空间形态的研究成为空间规划研究的焦点，这主要表现为欧盟的空间规划运动、日本的国土综合开发规划等。

欧盟的空间规划运动以时效性、广泛性、统一性为特点，极大地促进了空间规划理论研究和实践的蓬勃发展。例如，德国专门为空间规划颁布了《空间规划法》，并规定德国的联邦空间规划由上级规划（控制线规划）和建筑指导性规划两个层次组成。总体上，在这一轮新的发展中，空间规划在紧紧跟随全球政治、经济、科技文化发展趋势的同时，坚持发挥空间规划自身的优势，在研究和处理空间规划建设的规范、准则等方面发挥了积极作用，突出了空间规划具有空间想象和空间思维的特点。

基于城市与区域可持续发展思想的现代空间规划是一种整体性、协调性的公共管理体系，能够指导空间发展全局，并协调各部门、各区域发展。同时，现代空间规划是超越部门、区域条块分割、整合不同空间尺度的战略性框架，是一种不同利益主体交流合作的过程，这种交流合作的根本目的是不同利益主体就城市与区域的发展方向、发展格局等战略问题达成共识。因此,从代表性和全面性的角度出发,选择欧盟、美国和日本等国为例来具体分析国外空间规划的进展。

### 2.3.1 欧盟的空间规划

欧洲是空间规划的发源地。长期以来,欧洲规划界始终关注城市、乡村以及区域发展的最新问题,规划实践充满了富有前瞻性的思考。近几十年来,其空间规划研究热点之一便是致力于探索解决跨越行政区的限制问题,即在更大的区域尺度上实现对各类空间要素及相关的社会、经济、环境协调发展的有效调节。其中,欧洲空间规划发展比较成熟的国家有德国、荷兰和英国等,下面以德国和荷兰为例进行分析。

#### 2.3.1.1 德国的空间规划

德国是最早开展空间规划研究和实践的国家。时至今日,德国的空间规划已经成为一种涉及多区域、多部门的具有公益性的公共政策工具,为德国的可持续发展提供了坚实的空间基础,也成为空间规划研究、实践的典型示范。德国的空间规划体系分为空间总体规划和专业部门规划两大部分。其中,空间总体规划包括德国联邦、联邦州和地方三个层面,主要目标是协调不同层面的空间需求、实现不同层面的空间发展规划、制定不同层面的空间发展策略。根据不同的权限,空间总体规划又可分为战略控制性规划(联邦层面、联邦州层面)和建筑指导性规划(地方层面)两大类。战略控制性规划制定区域空间发展策略和实施措施,提供空间发展方面的导向,用以保障各个空间功能分区的综合发展,属于宏观、战略层面的指导性规划。建筑指导性规划是战略控制性规划的具体落实,用以准备和制定土地综合利用规划及相关的详细规划,具体调整、规范规划区内的土地利用和开发。建筑指导性规划包括两个层次的规划,即土地利用规划和建筑规划。与空间总体规划具有的整体、战略、宏观等特点不同,专业部门规划集中于一个或多个专业领域(如交通、农业、国防以及生态环境保护等),同时专业部门规划在整个规划体系中贯穿始终并具有垂直管理的特点。总之,正是由不同层面的空间总体规划和专业部门规划在不同层次上进行协调和配合才构成了德国完整的空间规划体系。

从空间规划的法律地位看,德国的空间规划可分为法定正式规划和非法定规划两类。其中,法定正式规划包括上述空间总体规划和专业部门规划;非法定规划则包括一些非正式规划,这些非正式规划通常以具体的规划问题为导向,用以辅助正式规划的编制与实施。德国的非法定规划一般有景观框架规划、城市发展规划、景观规划、绿化秩序规划、形态规划等。

德国空间规划的特点可总结如下:

(1)空间规划层次清晰,分工明确,各个层面空间规划的责任和目标设置合理。各级空间规划都是在上一级空间规划的指导下编制完成的,各种规划层级之间有机衔接，是一个具有连续性的体系。

(2)空间规划的配套法律法规体系完善。德国各个层次的空间规划均有与之相应的法律法规予以支持，从上到下构成了一套完整的空间规划法律法规体系，如《建设法典》《空间规划法》《空间规划条例》等，这些法律法规凸显了德国空间规划的规范性和严肃性。

(3)空间规划体系具有较强的灵活性。德国空间规划体系结构明确而严谨，同时又具有较强的灵活性。各个层面的空间规划既能从区域整体的角度进行考虑，又可以在进行下一级规划时根据其空间发展的侧重点进行各种利益之间的协调。同时，空间总体规划与专业部门规划有机结合、法定正式规划与非法定规划有机结合，这使得德国空间规划体系更加灵活与完善，更能适应现代经济社会活动所具有的复杂而多样的空间需求。

2.3.1.2　荷兰的空间规划

2000 年，荷兰内阁批准了题为“营造空间、共享空间”的《荷兰第五次国家空间规划政策文件概要(2000—2020)》，旨在指导荷兰未来的空间开发。该政策文件分析了过去荷兰的社会和空间变化，确定了荷兰国土开发的空间布局，同时对未来的国土空间需求进行了预测，包括未来住房、基础设施、生态环境、工业、农业等经济产业及社会发展对国土空间的需求。后来，荷兰又对《第五次国家空间规划政策文件》《第二次国家绿色地区结构规划》和《国家交通与运输规划》进行整合，推出了《国家空间战略》的新政策。

荷兰第五次空间规划的核心思想是“保持增长与环境的平衡”，两个支撑点是继续提高空间质量和引导经济社会活动对空间的合理使用。为贯彻这一指导思想，荷兰第五次空间规划将全部国土空间分为基础层、网络层和应用层三个层次，认为经济社会的发展变化将与这三个层次发生作用和联系。由此产生不同的空间需求。

(1)基础层。基础层是指经济社会活动的空间基础，即自然生态环境。荷兰最明显的地理特点是近 25%的国土面积低于海平面，境内河流较多，因此规划对水的问题十分重视，在空间规划布局上也给水以足够的空间，同时规划要求严格控制水体污染，加强水文系统的治理与改造。

(2)网络层。网络层是指各种基础设施系统和交通运输系统，包括全部公路、铁路、水路、管道、港口、机场、中转站和数字网络，这是经济社会活动得以正常开展的物质基础。

(3)应用层。应用层是指供人们生活、工作和休闲的场所。在这一层中，区域差异非常明显，包括城市与乡村之间、城市与城市之间、发达地区与欠发达地区之间等。为了控制城市地区的快速扩展，保护乡土风貌，第五次空间规划采用了规划控制线体系，即：红线区，表示城市、乡村建成区；绿线区，表示生态控制区，包括自然景观区、各种保护区和历史文化遗产区;红、绿线之间的地区则为过渡地带。此外,规划还强调要在促进社会公平的前提下,保持一定的区域空间差异性,从而形成具有层次的空间形态和空间格局,由此提高空间发展的质量。

### 2.3.2 美国的空间规划

美国是一个高度强调自由、市场和私权的国家。起初,规划在美国的地位并不是很重要,甚至有人反对国家层面或者地方政府层面的空间管制。然而,由于规划长期缺位,导致出现城市空间秩序混乱、交通拥挤、环境恶化等一系列城市问题。因此,规划也逐步得到政府的重视。1909 年召开了第一届全国城市规划会议,丹尼尔·伯姆罕完成了美国第一个综合性的城市规划即芝加哥城市规划。1909 年被称为美国城市规划的转折年,自此,美国空间规划体系开始出现并不断得到完善。其主要分为起步、形成、发展和稳定 4 个阶段,起步阶段为 1909—1930 年,美国城市规划和分区规划全面开展,为空间规划体系形成奠定基础;形成阶段为 1930—1960 年,州和区域规划兴起,促进空间规划体系逐步形成;发展阶段为 1960—1980 年,各类社区规划(例如城市更新计划、社区行动计划及社区发展计划等)不断增加,进一步推动空间规划体系向下延伸;稳定阶段为 1980 年至今,空间规划体系基本稳定,注重城市设计,同时由物质规划走向技术性、社会性、艺术性等相结合的精细化规划。

美国的空间规划分为两个层面,即功能性区划和条件性区划。功能性区划将城市划分为不同区域,各区域有各自允许的土地使用类型。条件性区划较详细,它不仅规定了规划地块的尺寸,还规定了地上建筑高度、日照间距、退缩红线距离等。美国区划法的控制内容主要有容积率、建筑高度、日照范围、空地率、奖励规划、开发权转让等内容。具体来说,美国空间规划体系的特点可总结如下:

(1)依法编制规划,自下而上形成“多样性”或“自由式”的空间规划体系。美国空间规划体系是由各类空间规划构成的“生命有机体”,其发展历程为解决各类规划衔接的矛盾和交叉,进而对各类规划进行有序化的过程。总之,美国规划的编制从分区规划开始到县综合规划,再到区域规划和州规划,逐步形成了目前的空间规划体系。

(2)规划机构因州情不同而各异,为相应的规划编制和实施管理提供保障。规划机构的设置服务于规划管理的需求。美国的州、区域和地方的规划机构有不同的设置模式,与相应的规划编制和实施要求相匹配。

(3)各层规划定位清晰、功能互补,形成以地方为主导的运行体系。作为联邦制的国家,美国从来没有过全国性的统一规划和规划体系。1/3 左右的州编制空间规划,多设定全州目标和地方规划的要求,体现指导性。区域规划只在特定的区域存在，重点解决区际问题，全面编制的规划只有指导性的县级综合规划，但不具备法律效用。各级规划相互独立、相互协调，共同解决空间发展中存在的问题，具有以地方规划为主、统一协调的特点。

(4)美国空间规划体系是在政治经济体制、地域特点、经济发展需求或阶段等因素共同作用下形成的。美国分权的政体和地方自治的政治制度决定了规划体系以地方规划为主，地方规划中县政府只负责非建制地区的规划，建制地区的规划由建制的政府负责，规划的编制和审批权都在地方政府。

### 2.3.3 日本的空间规划

亚洲最早开展空间规划的国家是日本。1940 年，日本通过了国土规划编制纲要。1946 年，再次提出复兴国土规划纲要，进一步于 1950 年颁布了《国土综合开发法》，同时，确立了四级国土综合开发规划体系(全国—都道府县—地方—特定区域)，这为日本社会经济可持续发展提供了重要保障。《国土综合开发法》已经编制了多次(表 2-2)，其规划基本目标和开发方式都在因时而异，最终修改为《国家空间规划法》，由此确定了日本国土空间规划的法定属性和重要作用。

**表 2-2 日本历次全国国土综合开发规划基本内容**

| | 一全综 | 二全综 | 三全综 | 四全综 | 五全综 | 六全综 | 七全综 |
|---|---|---|---|---|---|---|---|
| 基本目标 | 地域均衡发展 | 创造丰富环境 | 改善人居综合环境 | 构建多极分散型国土 | 构造多轴型国土 | 新的国土形象 | 形成对流促进型国土 |
| 开发方式 | 据点开发 | 大型项目 | 定居圈 | 交流网络 | 参与合作 | 多样化广域地区自助发展 | 多层强制的紧凑＋网络 |

目前，日本空间体系分为国土综合开发规划(也叫国土形成规划)、国土利用规划和土地基本利用规划三大部分。其中，国土综合开发规划是纲要性的规划，也是宏观战略性规划，分为全国和广域地方两级，具体包括国土利用构想、各类用地目标和地域概要。国土利用规划注重核心指标管控，包括土地利用类别、规模管控，分为全国、地区、市、县四个层次；土地利用基本规划是地方层面的土地利用综合分区。此外，日本国土分为农业区域、森林区域、城市区域、自然公园和自然保护区，在分区的基础上考虑土地利用开发计划，在各区域内编制专项规划。

总之，日本的空间规划是一个层层递进的空间划分，具有显著的特征。一是国家级空间规划确定全国国土开发原则和格局；二是地方级空间规划覆盖全域，针对不同地域类型编制不同专项规划，实行全域、分类管控；三是空间规划体系建构立法先行，具备完善的法律支撑；四是国家层级实行大部制，通过多种途径落实国家级空间规划目标。

## 2.4 中国的空间规划

和国外发达国家相对统一、纵向层次分明的空间规划体系相比，中国的空间规划(更确切地说应该是中国的空间性规划)具有自身鲜明的特点即“条块分割、多龙治水”。“条块分割”主要表现在不同的部门主导不同的空间性规划，这也常被形象地比喻为规划的“多国演义”。具体而言，中国的空间性规划主要由发改委、住建部、原国土部、原环保部等四部委来承担，四大部门分别主导着四大空间性规划，包括发改委主导的主体功能区规划、住建部主导的城乡规划、原国土部主导的土地利用总体规划和原环保部主导的生态环境保护规划。“多龙治水”表现在同一个国土空间的功能定位、发展目标等管控内容在不同的空间性规划里通常具有不同的要求，而每种空间性规划则又常常强调自己的权威性与合理性，这就必然带来国土空间治理上的冲突和矛盾。总之，中国空间性规划的架构体系使得不同的空间性规划在横向上既密切联系又相对独立，在纵向上则上下连贯、自成一体，共同管理国土空间。

总体上看，在中国规划界的“多国演义”中，发改委通过主体功能区规划实施宏观战略上的空间管控，住建部通过全国城镇体系规划和市县总体规划的分级审批来落实空间管控，原国土部通过全国土地利用总体规划和对省、市、县、乡镇土地利用总体规划的分级审批来实现空间管控，环保部通过全国生态环境保护规划和地方生态环境保护规划来实施空间管控。在上述规划的上下联系上，主体功能区规划给出城市是开发还是保护的总调子，土地利用总体规划定出城市建设用地的空间范围，城乡规划在划定的空间范围内具体安排用地布局和开发建设，生态环保规划对生态空间保护和污染防治提出具体措施。在规划的约束力上，主体功能区规划是宏观尺度上的战略性和约束性规划；土地利用总体规划属于自上而下一条线的分解土地指标，刚性最强；城乡规划和生态环境保护规划则处于发展规划和土地利用总体规划两者之间。

### 2.4.1 主体功能区规划

2006 年，《中华人民共和国国民经济和社会发展第十一个五年规划纲要》首次明确提出要推进形成区域主体功能区，促使经济发展与人口、资源、环境相统一，把经济社会发展切实转入全面协调可持续发展的轨道。由此，主体功能区规划成为中国规划体系中的一个新类别和新成员。

所谓主体功能区是指根据不同区域的资源环境承载能力、开发密度和发展潜力，按区域分工和协调发展的原则划定的具有某种主体功能的规划区域，包括优化开发区、重点开发区、限制开发区和禁止开发区。它的作用主要是解决人与自然的和谐发展问题，并可作为国家区域调控的地域单元。主体功能区是由主体功能区规划得来的。总体来说，主体功能区规划把区域分成两大类，一类是开发类，一类是保护类。通过综合评价，如果一些区域适合未来人口和工业大规模集聚则就是开发区域，不适合人口和工业大规模集聚的区域就是保护区域。

开发主要是指大规模城镇化和工业化的人类活动。开发区域又分为两类，一类是发展集聚到很大程度，国土开发密度已经较高，资源环境承载力开始减弱同时适合参与未来更大国际竞争的区域，叫做优化开发区。优化开发区在加快经济社会发展的同时，更加注重功能结构的升级以及经济增长的方式、质量和效益，提升参与全球分工与竞争的层次，继续成为带动全国经济社会发展的龙头和我国参与经济全球化的主体区域。另一类是重点开发区，是指资源环境承载能力较强、经济和人口集聚条件较好的区域。重点开发区要充实基础设施，加快工业化和城镇化，承接优化开发区的产业转移，承接限制开发区和禁止开发区的人口转移，逐步成为支撑全国经济发展和人口集聚的重要载体。与优化开发区相比，重点开发区的经济增长可以粗放一点，但发展模式也必须转变，同时重点开发并不是所有方面都要重点开发，而是指重点进行那些维护区域主体功能的开发活动。

保护区域也分为两类。一类是限制开发区，是指资源环境承载能力较弱、大规模集聚经济和人口条件不够好并关系到全国或较大区域范围生态安全的区域。要坚持保护优先、适度开发，要对开发的内容、方式和强度进行约束，因地制宜地发展资源环境可承载的特色产业，加强生态修复和环境保护，引导超载人口有序转移，逐步成为全国或区域性的重要生态功能区。另一类是禁止开发区，主要是指依法设立的各类自然保护区。要按照法律法规和相关规划的规定与要求实行强制性保护，控制人为因素对自然生态的干扰，严禁不符合主体功能定位的开发活动，但这并不是禁止所有的开发活动，而是指禁止那些与区域主体功能定位不符合的开发活动。

有了这样的主体功能区划分，不同的区域有不同的发展功能定位和不同的考核指标体系，从而在国土空间上形成一个合理的开发格局。简言之，主体功能区的具体应用价值包括：协调区域经济发展，加强区域分工协作；加强生产要素的跨区域流动，促进人口、产业布局、资源分布和经济活动的错位发展；加强生态脆弱地区的环境保护，转变经济发展模式，促进产业活动与生态系统的良性循环与协调发展，最终促进区域的可持续发展。

2010 年 12 月，国务院印发了《全国主体功能区规划》。规划以构建高效、协调、可持续的国土空间开发格局为中心，全面阐述了国家尺度上的主体功能区划分及其对应的政策措施。规划的目标是,到 2020 年,全国基本形成主体功能区布局。围绕这一核心目标,规划提出要着力构建我国国土空间的三大战略格局即城市化战略格局、农业战略格局和生态安全战略格局,分别聚焦于城市空间、农业空间和生态空间。在国土空间规划的相关文件中,均要求要“划定城市开发边界、永久基本农田控制线和生态保护红线,形成合理的城镇、农业、生态空间布局”。可见,主体功能区规划仍将是国土空间规划的直接依据,这也就是国家提出要以主体功能区规划为基础统筹各类空间性规划的根本原因。关于主体功能区规划的更多内容可参见相关文献,此处不再赘述。

### 2.4.2 土地利用总体规划

土地利用总体规划是由原国土部所主导的一种空间性规划。《中华人民共和国土地管理法》赋予了土地利用总体规划的法定地位,土地利用总体规划是我国规划体系中刚性管控约束力最强的一类空间规划,这与“18 亿亩耕地红线”及其代表的世界上最严格的土地管理制度是分不开的。

土地利用总体规划是指在各级行政区域内,根据当地自然条件以及国民经济和社会发展的要求,协调土地总供给和总需求,对土地的开发、利用、治理、保护在空间上、时间上所作的总体安排和布局,其核心是确定或调整土地利用结构和用地布局,作用是宏观调控和均衡各部门用地,实质是对有限的土地资源在国民经济部门间进行数量、质量、位置上的合理时空配置。

土地利用总体规划是国家实行土地用途管制的基础,是对土地资源进行合理的组织利用和经营管理的一项综合性的技术经济措施。其在时空上对土地资源进行合理的组织和经营管理,合理分配国民经济各部门的用地,制订最优的土地利用方案,提高土地利用率和土地生产率,以期取得最大的经济效益、社会效益和生态环境效益,从而达到土地资源可持续利用的目的。

土地利用总体规划内容丰富,涉及范围和领域广。总体上,土地利用总体规划通常包括以下基本内容即土地利用现状分析、土地评价(适宜性、承载力、生产潜力等)、土地利用预测(供给预测和需求预测)、土地利用战略研究、确定规划目标和任务、土地利用结构和布局调整、土地利用分区、重大工程用地安排、土地利用的差别化政策、规划实施的保障措施等。

土地利用总体规划分为全国、省(自治区、直辖市)、市、县和乡镇五级,即五个层次。上下级规划必须紧密衔接,上一级规划是下一级规划的依据,并指导下一级规划,下级规划是上级规划的细化和落实。同时,不同层级的土地利用总体规划的侧重点和内容有所不同。国家和省级的土地利用总体规划重在处理全局性的用地结构和关系,提出不同类型地区的土地利用目标、方向,分解耕地保有量、建设用地等管控指标。而市级的土地利用总体规划则依据国家、省级规划的要求，一是确定中心城市建设用地规模和范围，二是将耕地保有量指标分解到县级层面上。县级土地利用总体规划的重点是确定耕地、土地开发整理和城镇建设用地指标及其空间布局，并划定各类土地用途区，由此为具体的用地项目审批提供直接依据。乡镇级的土地利用总体规划重点在于安排耕地和其他基础设施用地，确定好村镇建设用地，明确土地整理、复垦与开发的规模和范围。

### 2.4.3 生态环境保护规划

生态环境保护规划是由原环保部所主导的一种空间性规划。《中华人民共和国环境保护法》赋予了其法定地位。2015 年 1 月 1 日，被称为“史上最严”的新环保法正式实施，该法的第二章专门对环境保护规划的编制、审批等内容进行了法律规定。与土地利用总体规划着眼于土地这个对象一样，生态环境保护规划的着眼点是生态环境，两者和经济社会发展规划、城乡规划的内容相比，具有较强的专一性和针对性。

生态环境保护规划是人类为使生态环境与经济社会协调发展而对自身活动和生态环境所做的空间和时间上的合理安排，是规划管理者对一定时期内生态环境保护目标和措施所作出的具体规定，是一种带有指令性和约束性的生态环境保护方案。

生态环境保护规划实质上是一项为克服人类社会经济活动和生态环境保护活动出现的盲目性和主观随意性而实施的科学决策活动，目的在于指导人们进行各项生态环境保护活动，按既定的目标和措施合理分配排污削减量，约束排污行为，改善生态环境，防止资源破坏，从而获取最佳的生态环境效益，促进环境、经济和社会的可持续发展。

生态环境保护规划是 21 世纪以来国内外环境科学研究的重要课题之一，并逐步形成一门科学，具有综合性、区域性、长期性、政策性等特点。其在社会经济发展中和生态环境保护中所起的作用愈来愈重要，主要表现在：其是协调经济社会发展与生态环境保护的重要手段，是体现生态环境保护以预防为主的最重要、最显著的手段；在具体工作中，其是各级环境保护部门开展生态环境保护工作的依据，同时为制定其他规划提供科学依据。

《中华人民共和国环境保护法》规定：县级以上人民政府应当将环境保护工作纳入国民经济和社会发展规划；国务院环境保护主管部门会同有关部门，根据国民经济和社会发展规划编制国家环境保护规划，报国务院批准并公布实施；县级以上地方人民政府环境保护主管部门会同有关部门，根据国家环境保护规划的要求，编制本行政区域的环境保护规划，报同级人民政府批准并公布实施；环境保护规划的内容应当包括生态保护和污染防治的目标、任务、保障措施等,并与主体功能区规划、土地利用总体规划和城乡规划等相衔接。

据上可知,生态环境保护规划内容的核心在于保护和防治两大方面。以国家"十三五"生态环境保护规划为例,规划包括10章,分别为:现状形势,规划总则(指导思想、基本原则和主要目标),源头防控,质量管理,专项治理,全程管控,生态修复,制度建设,重大工程和实施保障。在源头防控这一章里,规划提出了要强化生态空间管控,具体措施如下:

(1)全面落实主体功能区规划。强化主体功能区在国土空间开发保护中的基础作用,推动形成主体功能区布局。依据不同区域主体功能定位,制定差异化的生态环境目标、治理保护措施和考核评价要求。

(2)划定并严守生态保护红线。2017年底前,京津冀区域、长江经济带沿线各省(市)划定生态保护红线;2018年底前,其他省(区、市)划定生态保护红线;2020年底前,全面完成全国生态保护红线划定、勘界定标,基本建立生态保护红线制度。制定生态保护红线管控措施,建立健全生态保护补偿机制,定期发布生态保护红线保护状况信息。

(3)推动"多规合一"。以主体功能区规划为基础,规范完善生态环境空间管控、生态环境承载力调控、环境质量底线控制、战略环评与规划环评刚性约束等环境引导和管控要求,制定落实生态保护红线、环境质量底线、资源利用上线和环境准入负面清单的技术规范,强化"多规合一"的生态环境支持。以市县级行政区为单元,建立由空间规划、用途管制、差异化绩效考核等构成的空间治理体系。积极推动建立国家空间规划体系,统筹各类空间规划,推进"多规合一"。研究制定生态环境保护促进"多规合一"的指导意见。自2018年起,启动省域、区域、城市群生态环境保护空间规划研究。

这三点重大措施既强调了主体功能区的基础性和战略性地位,又凸显了生态保护红线的刚性管控性质,同时提出要把主体功能区和生态保护红线具体落实到"多规合一"工作中,为构建统一的空间治理体系和空间规划体系打好基础。

总体上,国家和地方的生态环境保护规划在内容上基本保持一致,区别在于国家规划更注重宏观性和整体性,地方规划则更注重从本地区的生态环境特点出发,确定生态环境保护指标及其空间布局,并划定各类环境功能区和生态保护红线,由此为具体的用地项目审批提供直接依据。同时,上下级规划要紧密衔接,上一级规划是下级规划的依据,下级规划是上级规划的细化和落实。

### 2.4.4 城乡规划

城乡规划是由住建部所主导的一种空间性规划,拥有完善的编制体系、法律法规体系和管理实施体系，拥有完整的编制规范和技术标准，拥有丰富的细分规划类型（总体规划、详细规划、各种专项规划等）。同时，城乡规划既有大尺度的城镇体系规划、总体规划，又有中尺度的控制性详细规划和小尺度的如某个地块的修建性详细规划。可见，城乡规划是目前自身规划体系最全、种类最多、尺度最广的一类空间性规划。

2008 年 1 月 1 日，《中华人民共和国城乡规划法》实施，由此标志着自 1990 年 4 月 1 日起施行的《中华人民共和国城市规划法》正式退出历史舞台。从城市规划法到城乡规划法，仅仅是一字之差，但标志着国家在城市规划建设思路上的重大转变，城市和乡村规划建设的一体化被赋予正式的法律地位。同时，已经被业界熟知的城市规划也自然转变为城乡规划。

根据《中华人民共和国城乡规划法》，城乡规划是以促进城乡经济社会全面协调可持续发展为根本任务、促进土地科学使用为基础、促进人居环境根本改善为目的，涵盖城乡居民点的空间布局规划。根据这一法定概念，城乡规划的核心是城乡土地的科学使用，因此，用地空间布局是各类各级城乡规划的中心任务。

根据《中华人民共和国城乡规划法》，城乡规划包括城镇体系规划、城市规划、镇规划、乡规划和村庄规划。城市规划、镇规划分为总体规划和详细规划，详细规划分为控制性详细规划和修建性详细规划。

国务院城乡规划主管部门会同国务院有关部门组织编制全国城镇体系规划，用于指导省域城镇体系规划、城市总体规划的编制。全国城镇体系规划由国务院城乡规划主管部门报国务院审批。

省、自治区人民政府组织编制省域城镇体系规划，报国务院审批。省域城镇体系规划的内容应当包括：城镇空间布局和规模控制，重大基础设施的布局，为保护生态环境、资源等需要严格控制的区域。

城市总体规划、镇总体规划的内容应当包括：城市、镇的发展布局，功能分区，用地布局，综合交通体系，禁止、限制和适宜建设的地域范围，各类专项规划等。同时，城镇体系规划也是市和县城总体规划不可缺少的部分。

规划区范围、规划区内建设用地规模、基础设施和公共服务设施用地、水源地和水系、基本农田和绿化用地、环境保护、自然与历史文化遗产保护以及防灾减灾等内容，应当作为城市总体规划、镇总体规划的强制性内容。

城市总体规划、镇总体规划的规划期限一般为 20 年。城市总体规划还应当对城市更长远的发展作出预测性安排。

乡规划、村庄规划的内容应当包括：规划区范围，住宅、道路、供水、排水、供电、垃圾收集、畜禽养殖场所等农村生产、生活服务设施、公益事业等各项建设的用地布局、建设要求，以及对耕地等自然资源和历史文化遗产保护、防灾减灾等的具体安排。乡规划还应当包括本行政区域内的村庄发展布局。

控制性详细规划以总体规划为依据,确定建设地区的土地使用性质和使用强度的控制指标、道路和工程管线控制性位置以及空间环境控制的规划要求,是城市规划管理和综合开发、土地有偿使用的直接依据。其主要内容应包括:详细确定规划地区各类用地的界线和适用范围,提出建筑高度、建筑密度、容积率的控制指标;规定各类用地内适建、不适建、有条件可建的建筑类型,规定交通出入口方位、建筑后退红线距离等;确定各级道路的红线位置、断面、控制点坐标和标高;根据规划容量,确定工程管线的走向、管径和工程设施的用地界线;制定相应的土地使用与建筑管理规定细则。

修建性详细规划以城市总体规划或控制性详细规划为依据,制定用以指导各项建筑和工程设施的设计和施工的规划设计。其主要内容包括:建设条件分析和综合技术经济论证,建筑与绿地的空间布局和景观规划设计,道路系统规划设计,绿地系统规划设计,工程管线规划设计,竖向规划设计,估算工程量、拆迁量和总造价并分析投资效益。

由于城乡规划的体系庞大、内容丰富,限于篇幅,此处不再赘述。关于城乡规划更深入、更全面的内容可参见有关文献。

### 2.4.5 从“多国演义”到“多规合一”

通过对上述四大空间性规划的总结可知,其侧重点和编制出发点均不同,审批机制和规划时效不同,而这些不同的多元差异因素又在同一个国土空间内耦合,因此,多规之间不可避免地存在差异、冲突乃至矛盾。显然,“多国演义”带来的规划差异与矛盾不仅削弱了规划的严肃性与权威性,也给国土空间管理带来了诸多问题,主要包括:

(1)分散规划合力,造成资源浪费

由于规划主体不同,技术标准、编制办法、规划期限都不统一,导致规划间存在差异,尤其表现在城乡建设用地布局差异方面。因规划对土地空间管控的要求不同,不仅造成建设用地指标闲置,也会产生土地利用方式上的低效和粗放,造成资源浪费。

(2)导致空间管控不足,发展与保护缺乏统筹

多规的分立与相互矛盾,使得政府对国土空间的管控不足,难以实现对发展建设和生态保护的全面统筹考虑。一方面,多规在基础设施、公共服务、民生工程等刚性内容上缺乏协同考虑,使得一些与长远发展息息相关的建设项目和民生设施无法统筹安排;另一方面,因规划的矛盾,使得对破坏生态环境的建设行为无法有效应对和处理,从而严重影响了国土生态安全。

(3)影响审批效率,导致项目落地困难

多规各自为政,直接造成部门审批依据存在矛盾,削弱了部门的公信力,造成了审批效率低下。项目实施涉及发改、规划、国土等多个部门的协调,各部门审批依据不一致甚至相互矛盾,导致审批流程复杂,效率降低,落地困难。此外,多规差异在制约业务协同办理、影响行政效率的同时,还会导致政务服务碎片化的问题,这既不方便企业和公众办事,又不利于行政监察与社会监督,从而整体上降低政府的运转效率。

为了解决上述问题,"多规合一"工作成为近几年中国规划领域的一件大事,其是新时期国家力推的规划编制与管理的重要统筹协调工具。"多规合一"工作的根本目的就是消除不同空间性规划在同一个国土空间上的差异、冲突和矛盾,同时解决多头审批、流程复杂、行政效率低下以及各部门信息共享不足、缺乏统一的信息平台等体制机制问题,进而完成各部门统一共识的全域空间的"一张蓝图",最终为国土空间规划开展奠定坚实基础。具体来说,国家层面上有关"多规合一"工作的政策文件、重要节点事件梳理如下:

(1)1999 年 1 月,《中华人民共和国土地管理法》中对经济社会发展规划、城乡规划、水利规划与土地利用总体规划的协调进行了规定,包括第 17 条:"各级人民政府应当依据国民经济和社会发展规划、国土整治和资源环境保护的要求、土地供给能力以及各项建设对土地的需求,组织编制土地利用总体规划";第 22 条:"城市总体规划、村庄和集镇规划,应当与土地利用总体规划相衔接";第 23 条:"江河、湖泊综合治理和开发利用规划,应当与土地利用总体规划相衔接。"

(2)2008 年 1 月,《中华人民共和国城乡规划法》对城乡规划与其他规划的协调进行了规定,即第 5 条的"城市总体规划、镇总体规划以及乡规划和村庄规划的编制,应当依据国民经济和社会发展规划,并与土地利用总体规划相衔接"。

(3)2010 年 12 月,《中华人民共和国水土保持法》第 13 条明确了"水土保持规划应当与土地利用总体规划、水资源规划、城乡规划和环境保护规划等相协调"。

(4)2012 年 9 月,李克强在省部级领导干部推进新型城镇化研讨班座谈会的讲话中提出:在市县层面探索经济社会发展规划、城乡规划、土地规划"三规合一"。

(5)2012 年 12 月,在中央经济工作会议上,习近平总书记指出:要真正做到一张好的蓝图一干到底,不折腾,不反复,切实干出成效来。

(6)2013 年 11 月,十八届三中全会通过的《中共中央关于全面深化改革若干重大问题的决定》中要求建立空间规划体系,划定生产、生活、生态空间开发管制界线,落实用途管制。

(7)2013 年 12 月,中央城镇化工作会议上,习近平总书记指出:要建立统一的空间规划体系、限定城市发展边界、划定城市生态红线,探索经济社会发展、城乡、土地利用规划的“三规合一”,形成一张蓝图,加以落实。

(8)2014 年 3 月,《国家新型城镇化规划(2014—2020 年)》提出要加强城市规划与经济社会发展、主体功能区建设、国土资源利用、生态环境保护、基础设施建设等规划的相互衔接,推动经济社会发展规划、城市规划、土地利用规划等的“多规合一”。

(9)2014 年 4 月,第十二届全国人民代表大会常务委员会第八次会议修订通过了《中华人民共和国环境保护法》,其中第 13 条指出“环境保护规划的内容应当包括生态保护和污染防治的目标、任务、保障措施等,并与主体功能区规划、土地利用总体规划和城乡规划等相衔接”。

(10)2014 年 4 月,《关于 2014 年深化经济体制改革重点任务的意见》(国发[2014]18 号)指出要推动经济社会发展规划、土地利用规划、城乡规划、生态环境保护规划等“多规合一”,开展市县空间规划改革试点。

(11)2014 年 8 月,四部委(发改委、国土部、环保部、住建部)联合发文《关于开展市县“多规合一”试点工作的通知》(发改规划[2014]1971 号),从全国范围内遴选确定了 28 个“多规合一”试点市县,具体包括:辽宁省大连市旅顺口区,黑龙江省哈尔滨市阿城区,黑龙江省同江市,江苏省淮安市,江苏省句容市,江苏省泰州市姜堰区,浙江省开化县,浙江省嘉兴市,浙江省德清县,安徽省寿县,福建省厦门市,江西省于都县,山东省桓台县,河南省获嘉县,湖北省鄂州市,湖南省临湘市,广东省广州市增城区,广东省四会市,广东省佛山市南海区,广西壮族自治区贺州市,重庆市江津区,四川省宜宾市南溪区,四川省绵竹市,云南省大理市,陕西省富平县,陕西省榆林市,甘肃省敦煌市,甘肃省玉门市。

(12)2015 年 5 月,《2015 年深化经济体制改革重点工作意见》(国发[2015]26 号)指出要完善国土空间开发,加强生态文明制度顶层设计,开展市县“多规合一”试点。

(13)2015 年 5 月,中共中央、国务院印发《关于加快推进生态文明建设的意见》,强调要强化主体功能定位、优化国土空间开发格局,健全空间规划体系,科学合理布局和整治生产、生活、生态空间。其中特别提出要积极实施主体功能区战略,推动经济社会发展规划、城乡规划、土地利用总体规划、生态环境保护规划的“多规合一”。

(14)2015 年 6 月,中央全面深化改革领导小组第 13 次会议决定在海南省开展省域“多规合一”改革试点。

(15)2015 年 9 月,国家发改委与国家测绘地理信息局联合印发《市县经济社会发展总体规划技术规范与编制导则(试行)》,其中提出要推动市县经济社会发展规划、城乡规划、土地利用规划、生态环境保护规划“多规合一”。

(16)2015 年 10 月，中共中央、国务院印发《生态文明体制改革总体方案》，提出要构建以空间规划为基础、以用途管制为主要手段的国土空间开发保护制度，构建以空间治理和空间结构优化为主要内容，全国统一、相互衔接、分级管理的空间规划体系；要整合目前各部门分头编制的各类空间性规划，编制统一的空间规划，实现规划全覆盖；要支持市县推进"多规合一"，明确城镇建设区、工业区、农村居民点等的开发边界以及耕地、林地、草原、河流、湖泊、湿地等的保护边界。

(17)2015 年 11 月，中国共产党十八届五中全会《中共中央关于制定国民经济和社会发展第十三个五年规划的建议》中指出，以主体功能区规划为基础统筹各类空间性规划，推进"多规合一"。

(18)2015 年 12 月，时隔 37 年后再次召开的中央城市工作会议强调，要以主体功能区规划为基础，统筹各类空间性规划，推进"多规合一"。

(19)2016 年 2 月印发的《中共中央　国务院关于进一步加强城市规划建设管理工作的若干意见》强调，要改革完善城市规划管理体制，加强城市总体规划和土地利用总体规划的衔接，推进两图合一；要增强规划的前瞻性、严肃性和连续性，实现一张蓝图干到底。

(20)2016 年 2 月 23 日，中央全面深化改革领导小组第 21 次会议上，对浙江省开化县"多规合一"试点工作的推进落实情况进行了汇报，习近平总书记予以肯定；2016 年 2 月 27 日，中央电视台新闻联播以《浙江开化：一本规划一张蓝图》为题，报道了开化县"多规合一"模式。

(21)2016 年 3 月，第十二届全国人民代表大会第四次会议通过了《中华人民共和国国民经济和社会发展第十三个五年规划纲要》，明确指出要建立国家空间规划体系，以主体功能区为基础统筹各类空间性规划，推进"多规合一"。

(22)2016 年 3 月，《2016 年深化经济体制改革重点工作意见》(国发[2016]21 号)指出以主体功能区规划为基础统筹各类空间性规划，推进"多规合一"。

(23)2016 年 4 月，中央全面深化改革领导小组第 23 次会议同意宁夏回族自治区开展省级空间规划试点；2016 年 5 月，国家发改委、国家测绘局先后与浙江省、福建省、广西壮族自治区、湖北省、贵州省签订了省级空间规划合作意向，建立省级空间性规划"多规合一"试点合作机制。

(24)2016 年 7 月 2 日，第十二届全国人民代表大会常务委员会第 21 次会议修订通过的《中华人民共和国水法》第 15 条规定：流域综合规划和区域综合规划以及与土地利用关系密切的专业规划，应当与国民经济和社会发展规划以及土地利用总体规划、城市总体规划和环境保护规划相协调。

(25)2016 年 12 月，国务院办公厅印发《"十三五"生态环境保护规划》(国发[2016]65 号)指出，要强化"多规合一"的生态环境支持，积极推动建立国家空间规划体系,统筹各类空间规划,推进“多规合一”。

(26)2016 年 12 月,中共中央办公厅、国务院办公厅下发《省级空间规划试点方案》(厅字[2016]51 号),选择吉林、河南、宁夏、江西、浙江、福建、广西、贵州、海南等 9 个省份开展省级空间规划试点工作,要求在市县“多规合一”试点工作的基础上,建立健全统一衔接的空间规划体系,提升国土空间治理能力和效率。

(27)2017 年 2 月,国务院印发《全国国土规划纲要(2016－2030 年)》(国发[2017]3 号),纲要明确提出要统筹各类空间性规划,推进“多规合一”,要编制国家级、省级国土规划,并与城乡建设、区域发展、环境保护等规划相协调,要推动市县层面经济社会发展、城乡建设、土地利用、生态环境保护等“多规合一”。

(28)2017 年 4 月,《国务院办公厅关于同意建立省级空间规划试点工作部际联席会议制度的函》(国办函[2017]34 号)同意建立由国家发改委牵头的省级空间规划试点工作部际联席会议制度。

(29)2018 年 11 月 18 日,中共中央国务院出台了《关于统一规划体系更好发挥国家发展规划战略导向作用的意见》(中发[2018]44 号)。44 号文件主要明确了国家发展规划的定位、编制程序、方法、保障、实施机制等重大问题,同时也对空间规划的定位、内容等进行了明确。文件指出要强化空间规划的基础作用,国家级空间规划要聚焦空间开发强度管控和主要控制线落地,全面摸清并分析国土空间本底条件,划定城镇、农业、生态空间以及生态保护红线、永久基本农田、城镇开发边界,并以此为载体统筹协调各类空间管控手段,整合形成“多规合一”的空间规划。要强化国家级空间规划在空间开发保护方面的基础和平台功能,为国家发展规划确定的重大战略任务落地实施提供空间保障,对其他规划提出的基础设施、城镇建设、资源能源、生态环保等开发保护活动提供指导和约束。

(30)2019 年 1 月 23 日,中央全面深化改革委员会第六次会议审议通过了《关于建立国土空间规划体系并监督实施的若干意见》。会议指出:要将主体功能区规划、土地利用规划、城乡规划等空间规划融合为统一的国土空间规划,实现“多规合一”,是党中央作出的重大决策部署。要科学布局生产空间、生活空间、生态空间,体现战略性、提高科学性、加强协调性,强化规划权威,改进规划审批,健全用途管制,监督规划实施,强化国土空间规划对各专项规划的指导约束作用。

2019 年 5 月 9 日,中共中央、国务院《关于建立国土空间规划体系并监督实施的若干意见》(中发[2019]18 号)正式发布,文件从重大意义、总体要求、总体框架、编制要求、实施与监管、法规政策与技术保障、工作要求等七大方面阐述了国土空间规划体系构建与监督实施的总体安排,是开展国土空间规划的国家层面上的政策文件。针对国土空间规划编制这一关键问题,文件要求从战略性、科学性、协调性、操作性等四大方面进行编制,其中,战略性要求规划要能对国土空间发展作出战略性系统性安排；科学性要求要尊重自然规律、经济社会规律和城乡发展规律，因地制宜、科学有序地开展规划编制；协调性要求强化国土空间规划的基础作用，为其他类型的规划在空间上落地实施提供统一的空间保障；操作性要求明确各级各类国土空间规划编制和管理的要点，健全规划实施传导机制，确保规划能用、管用和好用。

为落实国家相关方针政策，全国各省也积极行动起来，有序开展本地区的“多规合一”工作。2003 年 10 月，国家发改委提出在江苏省苏州市、福建省安溪县、广西壮族自治区钦州市、四川省宜宾市、浙江省宁波市和辽宁省庄河市等 6 个市县试点“三规合一”工作，即国民经济和社会发展规划、城市总体规划和土地利用总体规划的“三规合一”，由此开始了地方层面上的“多规合一”工作探索，具体梳理如下：

(1)2004 年，浙江省着手构建两规衔接平台，建立两规衔接报告制度。2006 年，浙江省建设厅和国土资源厅联合出台了《关于加快推进县市域总体规划编制工作的若干意见》，要求各地加强“两规”衔接，并指定了第一批“两规”联合编制试点县市，具体包括温岭市、海宁市、宁海县、武义县和龙游县等 5 个市县。

(2)2008 年，上海市首次将原城市规划管理局与原房屋土地管理局中的土地管理职能进行整合，组建新的上海市规划与国土资源管理局，开展“两规合一”的编制工作，并在嘉定区和青浦区开展“两规合一”和“三规合一”的规划编制试点；同年，武汉市也进行了城市总体规划与土地利用总体规划的协调编制。

(3)2008—2011 年，广东省相继在河源市、云浮市和广州市开展了“三规合一”规划试点工作。河源市于 2008 年率先完成了广东省首个基于“三规合一”的城市总体规划；2010 年，云浮市首创了“规划、编制、平台”三统一的“三规融合”的规划行政管理机制；2011 年，广州市开展了“三规合一”规划编制，构建了基于“五个一”(一张图，一个信息平台，一个协调机制，一个审批流程，一个监督体系)的“三规合一”体制机制。同时，广州市还完成了《广州市“三规合一”技术规定》《广州市“三规合一”控制线实施管理规定》《广州市“三规合一”运行管理实施方案》等技术标准文件。

(4)2010 年 9 月，北京市“十二五”规划提出“五规合一”，统筹人口、产业、土地利用、空间与城市文化遗产等 5 个规划，打造首都的“多规合一”方案。

(5)2013 年 9 月，浙江省在安吉、临安启动“多规合一”省级试点，探索土地、城乡、产业发展和林地保护等“四规合一”工作。

(6)2013 年 11 月，山西省在全省 11 个设区市的中心城市或市辖区推进“五规合一”工作试点，将国民经济和社会发展、城镇、土地、产业、环保等 5 个规划的核心要素进行重组和整合。

(7)2014 年 1 月 24 日，住建部下发了《住房城乡建设部关于开展县(市)城乡总体规划暨“三规合一”试点工作的通知》(建规[2014]18 号);同年 10 月,住建部规划司在嘉兴市召开“多规合一”试点工作座谈会,会议要求由住建部门联系的 8 个试点县市要按照“一张蓝图干到底”的要求,做好一张图,建好一个平台,实现“多规合一”全覆盖。

(8)2014 年 2 月,国土资源部印发了《关于强化管控落实最严格耕地保护制度的通知》,要求严格划定“三线”即城市开发边界、永久基本农田保护红线和生态保护红线。

(9)2014 年 5 月,甘肃省印发《甘肃省人民政府关于做好新型城镇化试点工作的指导意见》(甘政发[2014]51 号),要求在新型城镇化试点县(市)开展“多规合一”试点工作。

(10)2014 年 8 月,宁夏在全国率先启动了省域“三规合一”及“多规融合”工作,为省级空间规划试点工作奠定了良好基础。

(11)2015 年 2 月,广东省制定《广东省市(县)“三规合一”工作规程》(粤府办[2015]7 号),为推广“三规合一”工作提供技术规范。

(12)2015 年 4 月,云南省政府印发《关于科学开展“四规合一”试点工作的指导意见》(云政发[2015]18 号),正式启动全省“多规合一”试点改革。

(13)2015 年 5 月,福建省政府办公厅下发《关于开展“多规合一”试点工作的通知》(闽政办[2015]66 号),选择漳州市、泉州市、莆田市、龙岩市、平潭综合实验区、福清市、东山县、石狮市、晋江市、南安市、福鼎市、邵武市等 12 个城市开展“多规合一”试点。

(14)2015 年 6 月,江西省住建厅、发改委、国土资源厅、环保厅联合出台《关于“多规合一”工作的指导意见》,四部门联手齐抓“多规合一”试点工作,将鹰潭市、萍乡市、乐平市、丰城市、吉安县、湖口县、婺源县、樟树市、于都县共 9 个市县列为试点。

(15)2015 年 7 月,安徽省政府办公厅下发《关于开展省级“多规合一”试点工作的通知》(皖政办秘[2015]111 号),决定在合肥、蚌埠、淮南、滁州、芜湖、铜陵、安庆等 7 个地级市开展省级“多规合一”试点工作。

(16)2015 年 8 月,河南省政府办公厅印发《2015 年河南省推进新型城镇化工作重点》(豫政办[2015]99 号),支持获嘉县等有条件的地方开展“多规合一”试点。

(17)2015 年 8 月,河北省选择邢台市、定州市、威县等 3 个市县为市县空间规划改革试点城市,开展经济和社会发展、城乡、土地、环境保护等规划的“多规合一”试点。

(18)2015 年 8 月,湖北省确定将天门市、武穴市、老河口市、远安县作为“多规合一”试点市县。

(19)2016 年 8 月，贵州省政府办公厅印发《贵州省省级空间性规划“多规合一”试点工作方案》(黔府办发[2016]26 号)，选择六盘水市和三都县、雷山县开展试点。在总结试点经验的基础上，将试点范围扩大到安顺市和都匀市、桐梓县、息烽县、威宁县、玉屏县、凯里—麻江、独山县、兴仁县、贵安新区直管区，为省级空间性规划“多规合一”奠定基础。

(20)2017 年 1 月，河南省启动空间规划编制试点工作。根据国家试点方案要求，统筹各类空间性规划，编制统一的省级空间规划，为实现“多规合一”、建立健全国土空间开发保护制度积累经验、提供示范。

综上，国家和地方都在下力气开展“多规合一”工作，并取得显著成效和宝贵经验，这为自然资源部主导国土空间规划奠定了良好的工作氛围和环境，提供了丰富的技术经验和方法手段。编制国土空间规划、构建国土空间规划体系是目标，推进“多规合一”是手段、是过程，因此，可以说“多规合一”工作是中国构建统一的国土空间规划体系的一个中转节点，是国土空间规划的前奏和基础，必将载入中国的规划发展史册而留下自己的精彩时刻。

# 3 国土空间规划编制内容

根据国家机构改革要求,自然资源部要整合原国家发改委的组织编制主体功能区规划职责、原国土资源部的土地利用总体规划管理职责、住建部的城乡规划管理职责,要组织编制并监督实施国土空间规划和相关专项规划。那么,原有的几大空间性规划如何整合为国土空间规划、国土空间规划如何编制等问题就成为当前规划领域的焦点问题。这些问题的解决都需要国家出台相关政策办法和标准规范进行明确,作为一次学术探索,本章在已经出台的国家相关文件的基础上,尝试分析构建国土空间规划的编制框架及其相关内容,以期为国土空间规划研究和实践提供参考。

## 3.1 目的作用

### 3.1.1 国土空间规划的目的

编制国土空间规划不仅是一项国家职能,更是当前生态文明建设、自然资源资产统一保护的历史必然需要,也是体现国家国土空间治理体系和治理能力现代化的重要表现。总体上,国土空间规划的编制目的主要包括以下方面:

首先,以规划引领经济社会发展,是党治国理政的重要方式,是中国特色社会主义发展模式的重要体现。编制国土空间规划就是新时代落实治国理政理念、推进生态文明建设的重要抓手,是提升国土空间治理效能、服务国土空间用途管制、保护修复生态环境,进而建立统一的国土空间规划体系的政策载体。随着中国成为全球第二大经济体,经济发展与生态保护的矛盾和冲突也达到了一个峰值,其对国土空间开发结构和利用方式均产生了重大影响,国土空间开发的可持续性面临多重压力和风险,这也反过来制约了经济社会的进一步发展。因此,十八大以来,党中央和国务院果断提出生态文明建设的战略抉择,构建了“五位一体”的现代化建设总体格局,把生态文明建设提高到了国家发展战略的最高层次。如何落实“建设生态文明是中华民族永续发展的千年大计”这一战略思想?国土空间规划就是其中的一个重要抓手。经过十八大以来的试点探索,国土空间规划逐渐从构想到试验并最终落实，由此为解决当前国土空间开发利用面临的问题与挑战，进一步构建为实现中华民族永续发展的国土空间格局提供重要支撑。具体来说，国土空间规划可以解决部门规划交叉、部门职责交叉、空间性规划约束不力的问题，是实施国土空间用途管制的基础，是完善自然资源监管体制的关键环节，其为完善自然资源监管体制、统一行使所有国土空间用途管制和生态保护修复职责提供空间依据。总之，国土空间规划是现代国家政府进行空间治理的核心手段，是政府调控和引导空间资源配置的基础。

其次，从理论层面上看，编制国土空间规划是为了解决日益突出的“人—地”关系矛盾，进而从国土空间层面上确保实现可持续发展。改革开放以来，随着城镇化的加速推进，城市人口规模和用地规模都实现了巨大增加，“增量”一直是中国城镇发展的主轴。这一增量发展模式尽管取得了辉煌成就，但负面效应近年来也日益凸显，其最突出的表现是“人—地”关系紧张，人进地退的问题愈发明显，建设用地规模持续扩大，不断逼近 18 亿亩的耕地保有红线。在这种时代背景下，开展国土空间规划，划定“三区三线”，为城镇发展、开发建设提供明确的刚性空间控制线，由此有助于协调人与自然和谐共生，实现自然、社会与经济在城市“人—地”复合生态系统中的均衡发展。同时，编制国土空间规划也是调整城镇空间布局和优化城镇空间结构的重要手段，更是为实现新型城镇化发展奠定科学的空间基础。

最后，编制国土空间规划的直接目的就是解决我国目前规划体系繁杂、规划部门事权不清晰、多种空间性规划交叉重叠等突出问题。目前，我国具有法定依据的各类规划已超过 80 种，其共同特点是都对土地的开发利用进行了基于本部门视角的空间管控，但空间管控的手段、方式、方法不一样，这必然带来冲突和矛盾。各类空间性规划在规划期限、坐标系统、基础数据、管控分区、技术标准等方面都自成一体，互不衔接，同时这些规划在编制、评审和实施等阶段不同程度地存在规划编制内容交叉重叠、用地性质和目标定位以及空间坐标不统一等问题，甚至出现多种规划“打架”现象，导致我国规划编制、评审和实施等效率低下，进一步导致部分开发建设无序、建设项目落地难，阻碍经济社会发展建设步伐。而通过编制统一的国土空间规划，一方面统一规划期限、基础数据、坐标系统、用地分类、目标指标和管控分区等规划基础；另一方面通过基础评价摸清国土空间的家底，进而科学划定“三区三线”，再将各类空间性规划的管控要素落到统一的一张底图上，由此实现开发保护的协调统一。

### 3.1.2 国土空间规划的作用

国土空间规划是社会经济发展到一定阶段，为有效调控社会、经济、环境等空间要素而采取的空间政策工具，是对国土空间用途的管制和安排。同时，国土空间规划也是现代国家进行空间治理和提高行政效率的重要手段，是政府调控和引导空间资源布局和配置的基础，也是落实生态文明建设理念的迫切需求。因此，国土空间规划的作用主要体现在宏观层面上，同时又兼顾中观和微观上的落地实施，具体表现为承上启下的作用、战略引领的作用和刚性管控的作用。

(1)承上启下

按照《关于统一规划体系更好发挥国家发展规划战略导向作用的意见》(中发[2018]44号)要求，建立以国家发展规划为统领，以空间规划为基础，以专项规划、区域规划为支撑，由国家、省、市县各规划共同组成，定位准确、边界清晰、功能互补、统一衔接的国家规划体系。国土空间规划以空间治理和空间结构优化为主要内容，要细化落实发展规划提出的国土空间开发保护要求，是实施国土空间用途管制和生态保护修复的重要依据，对专项规划具有空间性指导和约束作用。可见，国土空间规划往上对接发展规划，往下指导和约束专项规划，在国家规划体系中具有承上启下的重要作用，这种作用主要表现在其为整个规划体系提供了统一的空间架构体系，让所有的规划都能在"一张蓝图"上进行落地实施。

(2)战略引领

国土空间规划是建立在原来各种空间性规划的有机集成的基础之上，因此其对国土空间开发利用和保护具有战略引领的作用，具体表现在：首先通过基础评价全面摸清国土空间家底的基础上，划定城镇、农业和生态三大空间，由此奠定了国土空间开发的总体战略架构，即根据每一个国土空间单元的承载力和适宜性情况，做到"宜农则农，适城则城，必保则保"，由此为国土空间开发和保护提供战略引领作用。其次，国土空间规划在国家规划体系中发挥了基础性的空间支撑平台作用，能够引导各项重大设施的选址布局和落地实施，同时对其他规划提出的基础设施、城镇建设、资源能源、生态环保等开发保护活动提供指导和约束作用。

(3)刚性管控

国土空间规划不仅划定城镇、农业和生态三大战略管控空间，同时还进一步划定了生态保护红线、永久基本农田和城镇开发边界三条具有明确界线和范围的空间控制线，这就为国土空间规划发挥刚性管控作用提供了基础和可能。如果说三大空间还是宏观的战略布局，那么三条控制线则是实实在在的空间管控约束界线，是对三大空间的进一步细化和落实，也为相关规划的项目建设、选址布局等提供明确的空间范围，最终为构建全域、全要素的国土空间规划管控体系奠定了基础。

## 3.2 总体架构

前述2.4.5节梳理了国家近年来有关"多规合一"和国土空间规划的政策文件，从中可以发现一条国土空间规划编制的主线，即要全面摸清并分析国土空间本底条件，开展资源环境承载力和国土空间开发适宜性评价（以下称“双评价”），组织划定城镇、农业、生态空间以及生态保护红线、永久基本农田、城镇开发边界等控制线（以下称“三区三线”）。可见，“双评价”和“三区三线”在国土空间规划编制中的基础与核心地位，因此可以说国土空间规划将是一个“2＋3＋3＋X”的总体架构体系。

在上述总体架构体系中，“2”是指“双评价”，第一个“3”即三大空间，第二个“3”是指三大控制线，“X”则是指建立在“2＋3＋3”基础之上的其他编制内容。总体上，首先通过精细化的“双评价”来摸清国土资源的承载力大小和是否适宜进行开发等本底条件，在此基础上从宏观战略层面划定城镇、农业和生态三大空间和生态保护红线、永久基本农田、城镇开发边界，由此聚焦空间开发强度管控和主要控制线落地，并为后续规划奠定一个大的空间结构和格局。有了“三区三线”这个总体的空间约束和架构后，再把“X”个具体的空间管控要素进行系统整合，有序落入国土空间中，由此真正形成国土空间规划的“一张蓝图”。

### 3.2.1 资源环境承载力概述

资源环境承载力评价位于国土空间规划的两大基础评价之首，具有重要的地位和价值。首先，资源环境承载力评价延续和贯彻了主体功能区规划以资源环境承载力为基础进行空间开发的基本理念，体现了国土空间规划“以主体功能区规划为基础、推进主体功能区战略和制度”的思想。其次，在生态文明制度设计和建设中，也都明确了要进行资源环境承载力评价，《中共中央国务院关于加快推进生态文明建设的意见》提出，要将各类开发活动限制在资源环境承载能力之内；而《生态文明体制改革总体方案》则明确要求，空间规划编制前应当进行资源环境承载能力评价，以评价结果作为规划的基本依据。可见，资源环境承载力评价必然是国土空间规划的重要基础性评价，因此有必要对其研究和实践进行梳理。

资源环境承载力在全球性资源约束趋紧、环境污染严重、生态系统退化等严峻问题的背景下产生并迅速得到高度关注。对于中国来说，人口基数大，快速城镇化发展导致资源消耗量大，经济社会发展与资源环境之间的矛盾日益凸显，这一系列问题使政府、社会和学术界都意识到资源环境承载力研究的重要性和紧迫感。20世纪六七十年代，由于自然资源耗竭和环境恶化等问题爆发，人们开始关注“人—地”关系，由此促进了资源环境承载力研究的蓬勃发展，其受到联合国教科文组织（UNESCO）和粮农组织（FAO）等国际组织的高度重视。同时，资源环境承载力基本概念和量化方法也纷纷出现，并得到广泛推广和应用。例如，城市承载力评价应用于湄公河流域规划研究，基于生态学方法的文化承载力与人类社会发展关系的研究，深入讨论人口、可持续发展和地球承载力相互作用的机理研究等。1995 年，诺贝尔经济学奖获得者 Arrow 等人在 *Science* 上发表了论文《经济增长、承载力和环境》,这更进一步引起人们对资源环境承载力的广泛关注。2012 年,Running 在 *Science* 上发表的文章指出可供人类使用的生物质资源将在未来数十年达到“生态边界”,更引发了全球对资源环境承载力的重视。联合国环境规划署(UNEP)在全球环境展望评估报告中指出,如果关键的环境阈值被超过,地球生命支持系统的功能将可能发生不可逆转的突变。在资源环境承载力的应用研究上,也取得了丰富成果,较好地指导了社会经济活动。例如,美国环保局进行的城镇和湖泊环境承载力研究为改善湖泊水质和保护湖泊生态环境提供了重要依据,澳大利亚学者对东南昆士兰进行了承载力研究,为可持续评估提供了有价值的指导建议;中国和韩国学者构建了城市资源环境承载力评价系统,为长江流域城市群发展和首尔市人口发展提供了决策依据。

在中国,资源环境承载力最先应用于土地、粮食与人口关系的研究方面,其历史可以追溯到 1964 年竺可桢先生对中国粮食作物生产潜力的探讨。20 世纪 80 年代,随着承载力概念的引入,国内开始大规模开展了“以多少土地粮食,养活多少人”为核心的土地资源承载力研究。需指出的是,土地资源承载力不仅是我国开展最早的研究,也是影响最为广泛的研究。20 世纪 80 年代末期,由于经济社会快速发展,水资源需求增加,出现了水资源短缺和水生态恶化等问题。在此背景下,水资源承载力的概念得以产生,进而广泛开展了水资源承载力的研究工作。20 世纪末期,随着中国区域环境问题的不断出现,人们开始关注中国的环境问题。1991 年,北京大学首次提出国内较为规范的“环境承载力”概念。由此,环境承载力也得到了广泛深入研究,研究对象多集中于大气环境、水环境和土壤环境等。此外,承载力成为描述衡量区域发展的限制程度的最常用概念之一,承载力评价在人口、资源、环境与社会经济的各个领域都得到了不同程度的延伸,例如海洋承载力、湖泊承载力和旅游资源承载力等均得到了相应研究。

随着资源环境承载力研究的深入,越来越多的学者开始注意到资源或环境单要素承载力的片面性,由此资源环境综合承载力的理论和方法体系得到了充分探讨。进入 21 世纪以来,以“自然—经济—社会”区域复合生态系统的协调发展为目标,聚焦“生态承载力”“资源环境综合承载力”的综合性承载力研究逐渐成为承载力研究的热点。总之,国内外资源环境承载力研究从最初单一的土地资源承载力、水资源承载力、农业承载力逐步发展到资源承载力、环境承载力以及生态环境承载力,最后再到综合“自然—社会—经济”三大要素的资源环境综合承载力,经历了从简单到复杂,从单一到综合的发展过程,并逐步得到丰富和完善。

关于资源环境承载力的内涵概念,得到普遍认同的观点是:承载力是评价资源环境与社会经济协调度的重要标准,资源环境承载力是衡量人类经济社会活动与自然环境之间相互关系的重要概念,其反映了人类与环境相互作用的界面。资源环境承载力的基本特征主要包括:首先,资源环境承载力是人类活动与自然环境不断相互作用的过程,人改造和利用自然,而自然反作用于人类,体现为哲学上的辩证统一关系;其次,资源环境承载力是资源环境系统结构特性的抽象表示,是为了度量和评价资源环境系统支撑人类活动的能力的一种刻画;第三,资源环境承载力的大小受到人类活动强度高低和区域资源环境系统本身状态的双重影响,而且资源环境承载力大小值通常指的是资源环境系统的最大承载力;最后,关于资源环境承载力评价在计算上尚没有统一的标准和方法,不同领域、不同研究者针对不同研究地区的特点构建了不同的评价模型及其计算方法,这些理论与应用研究都丰富和完善了资源环境承载力的研究体系。

综上可知,资源环境承载力不仅是架构社会、经济、环境三大系统的桥梁,是衡量人口、资源与环境关系的重要标尺,是测度人地关系协调的重要依据,更是解决人口、资源与环境三者矛盾的关键所在。同时,资源环境承载力既是一个区域性问题,也是一个全球性问题,是衡量城市、区域乃至全球可持续发展的重要指标。在当前开展国土空间规划的时代背景下,对国土空间的资源环境承载力进行精细化、科学化评价,不仅能为国土空间规划编制提供前提和依据,还可为国家有关生态文明建设的重大决策提供科学依据。因此,资源环境承载力评价具有重要的价值和意义。

### 3.2.2 国土空间开发适宜性概述

改革开放以来,随着中国城镇化和工业化进程的加速推进,国土空间开发结构、格局和状态发生了剧烈变化,突出表现在城镇建设用地规模持续扩大,自然生态空间不断减少,农业用地不断逼近 18 亿亩耕地红线,总体上呈现典型而显著的人进地退特点。同时,在国家、省、市县甚至乡镇等不同尺度的国土空间中,经济社会发展和自然生态保护之间都存在不同程度的冲突和矛盾,这给中国经济社会和生态环境的可持续发展带来了极大压力和严峻挑战。更重要的是,随着中国城镇化和工业化的转型升级以及发展峰值的到来,国土空间仍将面临较大压力,构建更为严格和科学的国土空间开发保护格局将变得更为迫切。如何解决以上矛盾和问题,优化国土空间开发格局、合理布局建设空间就成为亟待解决的重要命题。而国土空间开发适宜性评价则是解决这一命题的重要方法。因此,在国土空间规划中,另一个基础性评价就是国土空间开发适宜性评价。

从实现可持续发展的观点看,自然资本不能在空间开发过程中减少,至少是关键自然资本不能减少。因此通过国土空间开发适宜性评价,把那些适宜性等级低的空间区域作为关键自然资本保护起来,这些区域是对区域总体生态环境起着决定作用的生态要素和生态实体,如林地、耕地、水体等。这些实体和要素对内外干扰具有较强的恢复功能,其保护、生长、发育的程度决定了区域生态环境的质量。因此,这些区域对空间开发的生态阻力较大,要进行保护。而那些适宜性等级高的空间区域则对空间开发的生态阻力较小,因此可以进行空间开发。这样,通过适宜性评价,将能发现哪些国土空间适宜开发,哪些则更适合保护,哪些则必须保护,由此构建开发保护协调统一的国土空间开发保护格局,为合理划定“三区三线”奠定坚实基础。

国土空间开发适宜性评价源于19世纪末20世纪初美国景观设计师用手工绘图并叠加图像的景观设计实践。20世纪60年代,美国著名景观设计师麦克哈格正式提出土地生态适宜性评价方法,旨在强调对土地的合理利用。其后,遵循这一理念开展了对土地质量满足某一用途的程度进行的评价工作,并出现了为农业土地利用规划服务的土地适宜性评价分类体系。1976年,联合国粮农组织(FAO)以此为基础制定并颁布了《土地评价纲要》,提出从适宜性角度对土地进行定级,为土地利用规划服务。随后,世界各国参照这一纲要建立了各自的土地评价体系,广泛开展土地适宜性评价。

中国现代土地适宜性评价始于20世纪50～60年代的荒地资源考察,到1970年代时引入了国外方法,随后也形成自己的土地评价系统。在1980年代大规模的国土开发与整治中,区域性和单项性土地适宜性评价得到较大发展,评价重点也逐渐开始由农业用地向非农用地转移。1990年代以来,中国积极应用地理信息系统技术和数学方法评价用地适宜性,取得丰硕成果。尽管研究对象、地域不断扩展,评价方法也不断改进,但由于对国土空间开发适宜性概念内涵及理论基础的探讨还相对欠缺,目前仍未形成较公认的评价框架和方法,指标体系仍不统一。这些问题将是国土空间开发适宜性评价研究和实践的重点领域。

总体上,国土空间开发适宜性概念源于土地适宜性,但其内涵却有所差异。诞生于景观设计领域的土地适宜性,强调人类景观改造要遵循自然生态过程。在农用地适宜性中,则强调土地的气候、水文、土壤等属性与种植对象生长需求的匹配,由此实现土地产出效益的最大化。而国土空间开发适宜性则强调以土地的空间承载功能来满足人类的多样化、多层次需求,追求国土空间的综合功能效用,而非仅追求自然生态过程不受干扰和经济效益最大化。这种空间功能效用的实现需要社会、经济和生态的多维支撑,还有赖于社会—经济—生态系统的有序运行。特别是在当前可持续发展已成为全球公认发展理念的背景下,国土空间开发与土地利用作为营造人类功能空间的基本方式,应以“人口资源环境相均衡、经济社会生态效益相统一”为原则,优化国土空间开发格局和建设空间布局,构建高效有序的国土空间利用格局,促进可持续发展。据此,国土空间开发适宜性至少包括以下基本内涵。

首先,国土空间开发适宜性评价工作要追求社会安全与公正。在宏观层面上城镇化与工业开发应布局在自然条件稳定、良好的区域,以保障社会安全,同时应符合区域均衡需求,避免贫富差距带来的社会矛盾等;在微观层面上避免在灾害风险区布局建设用地,建设空间选址要充分尊重不同利益主体的诉求。其次,国土空间开发适宜性评价工作要注意提高经济效率。宏观上,国土空间开发需符合空间经济规律,形成高效、有序的经济空间组织形态与空间结构;在微观上要求建设用地选址要考虑土地条件对工程成本的影响,同时要有利于建设空间中所承载的人与社会经济活动的对外联系,便于享受到社会经济服务。最后,国土空间开发适宜性评价工作要维护生态安全。在宏观上要求开发活动和规模与区域资源环境承载力相协调,维护区域生态系统健康;微观上要尽可能降低对自然生态过程的干扰,系统保护好山水林田湖草"生命共同体"。

此外,建设用地适宜性也是一个常用的概念,但其与国土空间开发适宜性既有区别又有联系。总体来看,这两个概念都衍生于土地适宜性,即一定条件下一定范围内的土地对某种用途的适宜程度。在此基础上,国土空间开发适宜性是指由一定地域空间的资源环境承载力、经济发展基础与潜力所决定的其承载城镇化和工业化发展的适宜程度;而建设用地适宜性多出现在城市规划、土地利用等领域,通常定义为:一定技术条件下一定范围内的土地资源作为建设用地进行利用的适宜程度,强调土地单元的属性特征对其是否适宜转化为建设用地的影响。在区别上,两者关注的尺度和开发方式有明显差异。国土空间开发适宜性侧重从宏观尺度判断国土空间承载城镇化、工业化开发这一地域功能的适宜程度;而建设用地适宜性则是在微观层面考察一定地块上的土地利用方式是否适合转换为建设用地。但是,从研究对象和目的来看,二者相互统一、相互补充。就研究对象而言,国土空间是在政治视角下界定的较为宏观的概念,其本质上仍是以土地为实体,以地域为表现形式;而建设用地适宜性考察的是微观尺度的土地实体,也是构成地域的基本单元。从研究目标来看,国土空间开发适宜性评价的目的在于从空间上合理组织开发活动;而建设用地适宜性则强调合理选择建设空间,这种建设空间正是宏观层面上开发活动的具体承载。

综上,国土空间开发适宜性和建设用地适宜性都是遵循土地适宜性思想在不同尺度上对"空间"这一资源进行评价,两者可视为同一问题在不同空间尺度和层面上的具体体现,同时,两者因切入点和侧重点不同而形成了相互补充的关系。由此,通常将两者统称为国土空间开发适宜性。

### 3.2.3 三类空间

划定城镇空间、农业空间和生态空间等三类空间是国土空间规划的核心内容之一,是后续落实各类空间管控要素的前提和基础,也是四部委联合开展"多规合一”试点工作后形成的基本共识。三类空间就好比是棋盘上的网格,这个网格就是统一的空间管控分区。而空间管控分区不一致,恰恰是导致以往空间性规划矛盾冲突的一个重要因素。因此,在国土空间规划中,要首先整合形成统一协调的城镇空间、农业空间和生态空间等三大空间管控分区。

城镇空间是指以城镇居民生产生活为主体功能的国土空间,包括城镇建设空间、工矿建设空间以及与其空间联系紧密的区域交通用地等空间,主要承担城镇建设和发展城镇经济等功能。总体上,城镇空间是推动区域经济社会发展的重要增长极,是区域城镇化发展的主阵地、重要的人口和经济集聚区和参与区域竞争的核心区域。从可持续发展的角度看,城镇空间是人造资本高度集聚的区域,也是国土空间开发强度最高、密度最大的区域。

农业空间是体现生态文明、统筹城乡发展的重要区域,是建设社会主义新农村、实现乡村振兴、保障国家粮食安全、维护区域生态安全的重要组成部分。具体而言,农业空间是以农业生产和农村居民生活为主体功能的国土空间,包括基本农田保护区、一般农地区和其他农用地为主的农业生产空间及农村居民生活空间,主要承担农产品生产和农村生活等功能。

生态空间是具有自然属性,以提供生态服务、生态价值和生态产品为主体功能的国土空间,包括森林、草原、湿地、河流、湖泊、滩涂、岸线、荒地等。生态空间以自然生态景观为主,是维护区域生态系统安全、保护自然资源与文化遗产、保障水资源安全、保全生物多样性、维护自然生境、促进人与自然和谐发展的核心区域。从可持续发展的角度分析,生态空间是国土空间中的自然资本和关键自然资本的集聚区,是维护国土生态环境基底的“源”和“汇”,是实现可持续发展的生态基础,主要应作为生态保育、修复和涵养地区。

在生态文明建设的国家战略背景下,生态空间具有特殊的重要性。和城镇空间、农业空间相比,生态空间具有不可互补性、不可替代性和相对稳定性。首先,山脉、河流、植被等生态要素都是具有固定地理坐标的空间实体,是国土空间的自然禀赋和固有的生态本底,是不可移动、复制和交易的。其次,国土生态环境是在漫长的发展演化历史中所形成的一种相对稳定的构造和格局,但是这种稳定具有相对性。当人类活动符合生态规律时,生态空间会保持其稳定性,生态脆弱性处于较低水平,这将更利于可持续发展;当人类活动违反生态规律时,将会导致生态空间在格局和过程上发生不利于其稳定和平衡的变化,脆弱性会被快速放大,这将不利于可持续发展。

三类空间在开发与保护的侧重点上存在明显不同(表 3-1)。城镇空间主要管控城市建设用地规模和城市空间未来发展方向;农业空间主要抓耕地和基本农田的保护,确保守住 18 亿亩耕地红线;而生态空间是“绿水青山就是金山银山”生态文明思想的具体体现，主要管控生态红线，保护自然资源生态本底，实现人与自然和谐相处。尽管三类空间的重点关注内容有所差异，但都体现了开发利用和保护有机统一的特点。具体来说，城镇空间是国土空间开发的主阵地，也是不断获得人造资本的物质空间基础，因此，其空间开发主调是开发为主、兼顾保护，由此不断扩大经济规模，为平衡内部地区发展差异奠定经济社会基础。农业空间是农产品的主产地，是维系粮食安全、守住18亿亩耕地红线的核心区，但同时也是建设用地的重要来源和补充，因此，其开发和保护的潜在矛盾较大。从生态文明建设的视角分析，农业空间的开发主调应是保护为主、限制开发，此举能更多地保护国土自然生态本底，也可以为未来发展预留更多的用地。即使必须有项目落地，也要严格限制建设项目的性质，应以无污染、高效率、低能耗的项目为主。对于生态空间，其是关键自然资本集聚区，是不可替代的生态要素和实体，因此其空间开发主调是禁止开发，即禁止任何形式的产业项目建设活动。但是禁止开发不是绝对完全不开发，而是要在确保不污染环境的严格限制条件下，可以进行一些公益性的旅游、休闲等生态服务活动。

**表3-1 三类空间的开发与保护重点**

| 属性 | 城镇空间 | 农业空间 | 生态空间 |
|---|---|---|---|
| 功能定位 | 城镇经济社会发展 | 农产品生产，农村生活 | 生态服务，生态维护 |
| 发展重点 | 第二产业、第三产业 | 第一产业 | 生态保护，适度发展生态产业 |
| 保护重点 | 城镇生态保护与修复 | 农业农村生态环境保护与修复 | 生态保护与修复 |

除了上述城镇、农业和生态三类空间之外，还经常用到“三生空间”（生产、生活和生态）一词。在国土空间规划里，着重强调城镇、农业和生态三类空间的原因主要包括以下几点：首先，国家提出要以主体功能区为基础统筹各类空间规划，构建空间规划体系，而全国主体功能区规划中提出了城市化、农业和生态安全三大战略格局，因此，三类空间能够与之相对应，是三大战略格局在国土空间管控上的具体落地实施，具有一脉相承性。其次，三生空间划分空间单元相对更为精细化，不适宜用在宏观的空间尺度划分上，也不利于实现对大的国土空间的综合管控。例如，在城市建成区内，既有生产空间如工业区，也有居住、商业等生活空间，又有公园等生态空间，同时，这些空间往往又互相渗透和融合，难以明确各自的界线，这就为空间管控带来了不便；又如在城市以外的广大农村地区，农业生产空间和农民日常居住等生活空间也是耦合在一起，难以明确划分。第三，城镇、农业和生态三类空间划分更适合国土空间规划的宏观战略性质，更容易实现国土空间综合管控，例如上例中，农业生产空间和农民生活空间构成了农业空间，这就可以作为一个整体进行空间管控。最后，从已有的实践来看，全国28个“多规合一”试点城市都探索划定

了三类空间,实践证明是科学合理的,具有可操作性和可实施性。

进一步分析,在城镇空间、农业空间和生态空间中,都可能存在生产、生活和生态空间中的两种或三种同时并存的状态。如上例中,在城镇空间内部就同时存在着生产、生活和生态空间,又如在生态空间中,如自然风景区中也可能存在配套游览服务设施等建设用地。这也进一步表明三生空间更适宜于在城镇内部、乡村内部进行空间管控分区,其划分的空间单元显然更为破碎化,而三类空间则适宜于在总体尺度上进行国土空间管控分区,更具有战略引领性。这样,在划分三类空间后,针对每类空间再提出空间开发强度、密度等管控指标,既能实现大类综合管控,又能为后续的土地利用布局和土地用途控制提供具体的量化指标,较好地实现宏观、中观与微观层面上空间管控的协调一致和有机统一。

综上,划定城镇空间、农业空间和生态空间是国土空间规划编制的核心内容之一,其为确定国土空间布局和空间结构提供了科学依据。因此,科学划定三类空间,既能从本质上贯彻主体功能区规划,又能推动国土空间规划的科学编制,进而实现国土空间的可持续发展和永续利用。

### 3.2.4 三大控制线

国土空间规划中的三大控制线即生态保护红线、永久基本农田和城镇开发边界。三大空间控制线是三类空间管控的进一步落实和细化,也是后续各种空间要素布局和管控不可逾越的刚性红线,在国土空间规划中具有承上启下的关键作用。三大控制线分别对应三类空间,生态保护红线对应于生态空间,永久基本农田对应于农业空间,城镇开发边界对应于城镇空间,表明了一方面要严格保护生态空间和农业空间,另一方面通过划定城镇开发边界来坚决遏制城镇规模的"摊大饼"式的无序扩张,从而走向节约集约利用土地资源的新型城镇化发展之路。

(1)生态保护红线

十八届三中全会第一次提出要划定生态保护红线,由此确保国家经济社会和生态环境实现可持续发展。2017 年 2 月,中共中央办公厅、国务院办公厅印发的《关于划定并严守生态保护红线的若干意见》明确提出了生态保护红线的概念,以及划定并严守生态保护红线的目标要求和重点任务,为我国生态保护红线制度安排提供了顶层设计。可见,生态保护红线是生态安全的底线,是国土空间中最需要严格保护的区域,也是维护国家生态安全所必需的最小面积,更是继 18 亿亩耕地红线后另一条被提到国家发展战略层面的"生命线",由此表明了国家对山水林田湖草"生命共同体"系统保护的坚定决心,其必将在生态文明建设中发挥关键和基础性作用。

作为一个新的国家战略层面上的空间管控方法和模式,生态红线的研究和实践目前仍处于探索阶段，已有研究主要包括生态红线的基础理论和划定技术两大类。在基础理论上，主要探讨生态红线的内涵与意义、生态红线的框架体系及其与城市生态环境管理手段的衔接问题，从体制机制和综合管理方面探讨生态红线的实施管理；在划定技术上，主要有基于生态网络规划成果来划定城市生态红线、基于生态安全格局和生态服务需求来划定生态红线以及从风景园林学科的视角来探讨生态红线的划定策略等。总体上，已有研究在关于生态红线的重要价值、意义和内涵认识上较为一致，但在划定技术方法上仍处于探讨阶段，同时，国家环保、国土、林业、海洋等部门也都展开了各自领域内的生态红线划定工作，但仍没有形成统一的技术方法和标准体系。

生态保护红线是指在生态空间范围内具有特殊重要生态功能、必须强制性严格保护的区域，是保障和维护国家生态安全的底线和生命线，通常包括具有重要水源涵养、生物多样性维护、水土保持等功能的生态功能重要区域以及水土流失、盐渍化等生态环境敏感脆弱区域。通过划定基本的生态保护控制线，形成界线清晰、分布合理、永续保护的绿色生态空间系统，由此进一步明确城市生态安全的底线区，保障国土生态安全。生态保护控制线是一条刚性控制线，其为城镇化和工业化发展框定了一条不得突破的红线。只有保护好该线内的生态要素和生态实体，才能真正让山水生态资源得到永续发展和传承。

生态红线内的区域是对总体生态环境起着关键作用的生态要素和生态实体，这些区域要进行保护并作为关键自然资本在代和代之间传承下去，从而为城市生态环境保护和建设、为实现全面协调的可持续发展筑牢生态之基。因此，划定城市生态红线的根本目的就在于协调经济社会发展和生态环境保护的矛盾与冲突，进而保育良好的城市生态环境并提高土地利用效率，明确哪些空间必须要保护、哪些可以进行开发，由此做到开发与保护的协调统一。

(2)永久基本农田控制线

耕地是最为宝贵的自然资源之一，是支撑国家民族生存发展的最基本的物质基础。在中国，由于人多地少的基本国情所限，保护耕地更成为一个最严格的国家战略要求，因此，中国建立了世界上最为严格的耕地保护体系，划定了18亿亩的耕地保护红线。永久基本农田是最优质、最精华、生产能力最好的耕地，划定并守住永久基本农田控制线具有重大战略意义。首先，其是确保国家粮食安全，加快推进农业农村现代化的关键保障；其次，其是深化农业供给侧结构性改革，促进经济高质量发展的重要基础；最后，其是贯彻落实五大新发展理念、实施乡村振兴战略，进而促进生态文明建设的必然要求，对于全面建成小康社会和美丽中国具有重大意义。

永久基本农田是保障国家粮食安全的重要支撑，也是提高粮食综合生产能力的重大举措。因此，要贯彻落实好基本农田保护任务，最大限度保护耕地。同时，要按照国家、省关于永久基本农田划定相关规定与要求,结合自然资源部门永久基本农田划定工作,确定永久基本农田保护区。通过划定永久基本农田控制线,保障基本农田总量、用途和质量的稳定性,防止城市建设对基本农田的破坏。需要特别指出的是,任何单位和个人不得擅自占用或者改变用途,不得随意改变永久基本农田规划区边界特别是城市周边永久基本农田。此外,在进行开发建设过程中,要尽可能避让基本农田保护区。

总之,永久基本农田控制线是一项体现国家意志并得到刚性约束的控制线,也是保障国家民生的根本基础。因此,划定永久基本农田控制线是耕地保护工作的重中之重,也是实现国家可持续发展的重要保障,其理所当然地成为国土空间规划中的一项重要编制内容。

(3)城镇开发边界控制线

城镇开发边界控制线是一种管控城镇空间建设和发展的基本手段。当前,我国选择多个试点城市划定城镇开发边界,尽管各试点城市对城镇开发边界概念表述有所差异,但基本形成共识即城镇开发边界要聚焦建设与非建设的管理边界并兼具保护和引导功能。城镇开发边界是控制城市空间蔓延、提高土地集约利用水平、保护资源生态环境、引导城市合理有序发展的公共政策工具,是城市建设与非建设的重要控制性界线。此外,城镇开发边界不仅要大力保护城市周边优质耕地和生态敏感及脆弱区域,守住地区生态安全底线,而且要引导城市紧凑开发,防止城市无序蔓延,推动城市内部结构与外部形态的优化。

从国土空间规划的角度看,城镇开发边界划定要结合地形地貌、自然生态、环境质量和基本农田等因素,其是允许城镇建设用地拓展的最大边界范围。该最大边界范围是为了防止城镇规模盲目扩张和建设用地无序蔓延,从而有序推动城镇由外延扩张向内涵提升转变。在具体规划实践中,可以划定刚性开发边界和弹性开发边界。其中,刚性开发边界是城市开发建设的生态安全底线,也是城市开发建设的最大空间容量,任何情况下城市空间扩展均不能超越此范围,由此为"把城市放在大自然中、把绿水青山保留给城市居民"奠定空间基础。刚性开发边界以外主要是生态空间和农业空间,应实施严格的生态保护措施,原则上禁止一切城市建设行为。弹性开发边界则是为了满足规划的动态性和灵活性要求而划定的,其是满足城市不同发展阶段的人口规模和用地规模而划定的阶段性的城市开发边界。显然,刚性开发边界是城镇空间拓展的最大值,而弹性开发边界则是一个中间过程值,两者互为补充构成了城镇开发边界的框架体系,共同约束和引导着城镇空间的发展方向和发展规模。

此外,除了上述三大控制线之外,在具体规划实践中,根据不同地区的特点,仍需要划定其他空间控制线。如矿业城市会划定矿产开采控制线,交通枢纽城市会划定重大交通廊道控制线，能源城市则会划定管道输送控制线等，这些与三大控制线一起构成了国土空间规划中的空间控制线体系。

### 3.2.5　小结

国土空间规划的根本目的是促进国土空间的全面协调与可持续发展，遏制城市病的进一步发展放大，解决城市“人—地”复合系统的矛盾，给出山水林田湖草“生命共同体”系统保护与永续发展的对策措施，由此将“绿水青山就是金山银山”的生态文明理念与思想落到实处，最终为实现自然资源资产的统一监管提供科学的空间依据和基础。

在目前已有的政策文件基础上，可以归纳出国土空间规划编制的“2＋3＋3＋X”的内容框架体系。首先，“双评价”的作用就在于摸清国土空间的家底，为“三区三线”划定提供基础和依据。资源环境承载力大、国土空间开发适宜性好的国土空间显然可以容纳和支撑高强度、高密度的国土空间开发，就可以规划为以城镇化、工业化为主导功能的城镇空间；反之就不能规划为城镇空间，而应该是农业空间和生态空间。

其次，“三区三线”是国土空间规划最主要的空间管控方式和手段。空间是基础，是规划的物质基础和载体，人类经济社会发展都必须有一定的国土空间来支撑。如果不进行有效管控而任由经济社会发展，那么在利益的追求驱动下，国土空间将越来越面临巨大的压力。当压力在国土空间的承载力之内时，尚可以维持发展；而一旦突破了国土空间的承载极限，各种生态环境问题就会接踵而至，反过来制约了经济社会发展。因此，通过划定“三区三线”，给出各种空间调控区的明确范围，才能为经济社会发展提供一个生态约束的蓝图和底线，为开发建设活动划定不可逾越的界线，由此为协调“人—地”关系、遏制人进地退奠定了空间基础。而从可持续发展的高度看，“三区三线”中的生态空间、农业空间及其生态保护红线、永久基本农田控制线都是从保护的角度出发的，而城镇空间和城镇开发边界则是为了约束城镇的无序扩张，本质上也是为了保护生态空间和农业空间。这就表明，国家提出并实施“三区三线”制度的根本目的还是自然资源资产的大保护，这与中国当前的生态文明建设国家战略是一脉相承的。“三区三线”的最重要的特点在于其明确了自然资本、关键自然资本的空间范围，为山水林田湖草“生命共同体”留足了空间载体，显然，这是完全符合生态文明本质特点的思路和做法。

最后，在具体规划实践中，可以利用生态敏感性评价技术对国土空间的开发适宜性进行定量测度，对于较高生态敏感性的不适合开发的国土空间，可以将其作为实现可持续发展的关键自然资本而划入生态保护红线范围内，对这些生态空间要实施严格保护，要将其作为城镇空间增长的刚性控制边界。对于较低生态敏感性而适合开发的国土空间，可以作为城镇化工业化发展的主阵地，进而形成未来经济社会发展的中心地区。这样,通过定量测度及其分区,可以明确国土空间开发与保护的边界和空间范围,由此为后续各种空间管控要素的落地奠定了基本空间框架。

## 3.3 规划总则

通常,规划总则是有关规划编制的基本原则、依据、范围、期限等基础性问题的汇总,是一个规划的总体思路和基本指南。在目前国土空间规划国家统一的编制标准和规范尚未出台的情况下,本节根据已有的相关文件精神,尝试提出国土空间规划编制的规划总则,包括规划的基本原则、规划依据、规划范围和规划期限等基本问题。

### 3.3.1 规划原则

规划原则是编制国土空间规划必须要遵守的基本准则,是贯穿于规划全过程的主线和脉络,只有遵守规划编制基本准则,才能保证规划编制的科学性与合理性。根据国土空间规划在国家规划体系中的战略定位,结合其自身的特点和作用,规划基本原则可以归纳为:生态优先,全域管控;底线思维,集约发展;部门统筹,上下联动;因地制宜,突出特色。

(1)生态优先,全域管控

国土空间规划产生的最大时代背景就是生态文明建设,而建设生态文明是中华民族永续发展的千年大计,因此,生态优先应是国土空间规划编制最优先、最基础、最根本的基本原则。编制国土空间规划,必须首先要真正树立生态优先的思想和理念,真正理解领悟"绿水青山就是金山银山"的要义,把山水林田湖草"生命共同体"系统保护的要求在空间上落到实处,从而为自然资源资产的统一监管奠定基础。其次要进行全域管控,改变过去主要关注建设用地管控的做法,做到建设用地、非建设用地、未利用地等在内的所有国土资源的全域管控,实现国土空间规划对自然资源资产全要素监管的根本目标。最后,要更加注重对建设用地的管控,创新建设用地的开发利用方式,提高建设用地的投入产出效率,尽可能实现以最少的建设用地投入来满足最优的经济增长需求,为解决人民日益增长的美好生活需要和不平衡不充分的发展之间的矛盾贡献科学方案。

(2)底线思维,集约发展

在生态文明建设背景下,底线就是不可逾越的红线。在当前我国人地关系矛盾日益突出的情况下,国土空间规划编制必须要树立底线思维,切实保护好生态环境和自然资源,做到经济社会发展不能危及长远利益。具体而言,要在底线思维的指导下,以保障生态安全和粮食安全为核心,优先划定生态保护红线和永久基本农田控制线，从而严控生态本底，守住耕地红线，切实保护园地、菜地等农业空间，构建高效的国土生态安全格局。同时，要以集约发展为准则，城镇村发展要从外延扩张式向内涵提升式转变，通过盘活存量土地资源，严控新增建设用地，坚决杜绝无序扩大用地规模、盲目圈地和乱占耕地等现象，实现国土空间开发利用的节约集约发展，从而实现生产空间高效集约、生活空间宜居适度、生态空间山清水秀的目标。

(3)部门统筹，上下联动

国土空间规划由自然资源部门牵头和主导，但这仍然需要其他部门的紧密协调和配合。根据《关于统一规划体系更好发挥国家发展规划战略导向作用的意见》要求，国土空间规划在国家规划体系中发挥基础性作用，是国家空间发展的指南，是生态文明建设的空间蓝图，是空间开发建设、国土空间管制和生态保护修复的基本依据。国土空间规划可以分为国家、省、市县、乡镇等层级，要贯彻下级规划服务上级规划、下位规划服从上位规划、等位规划相互协调的总体要求。国土空间规划对专项规划具有空间性指导和约束作用，要细化落实发展规划提出的国土空间开发保护要求，规划期与发展规划不一致的，应根据同期发展规划的战略安排对规划目标任务适时进行调整或修编，要为发展规划确定的重大战略任务落地实施提供空间保障，要对其他规划提出的基础设施、城镇建设、资源能源、生态环保等开发建设和保护活动提供指导和约束。从这些国家要求可知，国土空间规划并不是自然资源部门的"一家之言"，仍然要协同发改、住建、农业农村、交通、环保等部门，做到群策群力，建立上下层级清晰、部门分工明确的编制体系，从而有效保证各级各类空间要素、空间开发保护建设项目都能够集成到一张空间蓝图上。

(4)因地制宜，突出特色

不同的城市和区域具有不同的经济社会发展条件和国土资源特点，因此，任何规划编制都要贯彻因地制宜、突出地域特色的基本原则，国土空间规划也不例外。具体来说，国土空间规划既要遵循国家统一的要求，例如"双评价""三区三线"等，但也要根据编制地区的实际情况和特色需求而提出针对性的编制内容，由此实现各地区、各城市基于统一中有差异、各具特色的国土空间规划编制区域格局。例如，对于以工业为主导功能的城市编制国土空间规划，不仅要划定通用的"三区三线"，而且要划定"产业区块控制线"，为新增工业、仓储物流等产业项目的选址建设提供空间范围，由此促进产业集聚发展并发挥产业的规模效应。

### 3.3.2　规划依据

目前，直接针对国土空间规划编制的法律法规尚未出台。而根据国家对国土空间规划的总体要求，其编制的基本依据主要包括相关法律、相关政府文件和相关规划等方面。具体梳理如下：

(1)相关法律

按照国家相关会议文件精神如《关于建立国土空间规划体系并监督实施的若干意见》要求，要将主体功能区规划、土地利用规划、城乡规划等空间规划融合为统一的国土空间规划，实现“多规合一”。因此，与国土空间规划工作具有紧密关系的国家法律主要包括《中华人民共和国土地管理法》《中华人民共和国城乡规划法》和《中华人民共和国环境保护法》等法律。除了这三大基本法律依据外，其他相关法律如《中华人民共和国森林法》《中华人民共和国文物保护法》《中华人民共和国水法》等也和国土空间规划工作具有一定的关系，也要考虑列入规划依据。

(2)相关政府文件

前述2.4.5节系统梳理总结了近年来国家印发的有关“多规合一”和空间规划的政策文件，这些文件都可以作为国土空间规划编制的依据。其中，最为直接的是《关于建立国土空间规划体系并监督实施的若干意见》(中发[2019]18号)，其明确了国土空间规划的分级分类体系、国土空间规划的编制重点和国土空间规划的编制要求，是当前开展国土空间规划编制的根本依据。其他文件如《关于统一规划体系更好发挥国家发展规划战略导向作用的意见》(中发[2018]44号)也是重要的规划依据。在《关于统一规划体系更好发挥国家发展规划战略导向作用的意见》中，国土空间规划的定位是“基础”一词，即强化国土空间规划对各项规划的指导约束作用，是各级各类规划的空间基础，为发展规划落实提供空间载体，为区域规划、专项规划提供空间指导和约束。

(3)相关规划和技术文件

已有的相关规划也应是国土空间规划的直接依据。主要包括《全国主体功能区规划》《全国国土规划纲要(2016—2030年)》以及处于法定期限内的经济和社会发展规划、土地利用总体规划、城市(乡镇)总体规划、生态环境保护规划等规划。此外，一些重要的专项规划如水资源利用规划、综合交通规划等也应作为依据。同时，一些现行的规划标准、规范、条例等也应当作为国土空间规划编制的依据，如《基本农田保护条例》《自然保护区条例》《城市规划编制办法》等也应列入规划依据。

特别需指出的是，自然资源部近期下发的《资源环境承载力和国土空间开发适宜性评价技术指南(试行)》《国土空间规划“一张图”建设指南(试行)》《城镇开发边界划定指南(试行)》《市县国土空间规划分区与用途分类指南(试行)》等技术文件也是国土空间规划编制的重要依据。

### 3.3.3 规划范围

根据目前国家行政管理层级结构特点，国土空间规划的规划范围是某一行政区的全部国土空间。在《关于统一规划体系更好发挥国家发展规划战略导向作用的意见》中，明确了国家规划体系架构，即要建立以国家发展规划为统领，以空间规划为基础，以专项规划、区域规划为支撑，由国家、省、市县各级规划共同组成，定位准确、边界清晰、功能互补、统一衔接的国家规划体系。针对这一要求，国土空间规划的范围可以是全国的国土空间、某一省域的全部国土空间，而具体到地级市则有所不同。地级市一般包括市辖区和下辖县，而县作为一个独立行政区应编制国土空间规划，因此，地级市国土空间规划的范围应集中在市辖区范围内，同时在全市域对下辖县的国土空间规划成果进行“自下而上”“自上而下”的双向整合而形成全市的国土空间规划成果。

### 3.3.4 规划期限

规划期限是规划编制有效执行的时间范围，也就是各类规划衔接目标任务和进行空间协调的时间节点。目前，国家、自然资源部关于国土空间规划的规划期限尚没有明确。而根据《全国国土规划纲要(2016－2030 年)》看，目标年是 2030 年。但党的十九大报告指出“从 2020 年到 2035 年，在全面建成小康社会的基础上，再奋斗十五年，基本实现社会主义现代化”，据此有国内城市把总体规划的目标年设定为 2035 年，如《北京城市总体规划(2016 年—2035 年)》《上海市城市总体规划(2017—2035 年)》等。因此，未来国土空间规划的规划目标年如何定，还要国家、自然资源部予以统筹安排确定。

## 3.4 规划内容

作为一种战略性、综合性、基础性的规划，国土空间规划编制是一项全面而系统的综合性工作，既是将多种空间性规划进行有机融合的“多规合一”过程，又有自己特有的内容框架体系。显然，国土空间规划编制内容绝不是既有各类空间性规划内容的简单叠加，而是一种科学理性的“空间回归”过程，即把一个国土空间单元按照其在国土空间系统中的承载力大小和适宜开发的程度而赋予其特有而唯一的功能。这就改变了原来各个空间性规划对同一个国土空间单元的不同定位和功能赋予，也即彻底改变了过去“同一个空间，不同的功能”的“九龙治水”式的管控模式，由此回归到“同一个空间，同一个功能”的状态上来。

基于上述分析，本节在参考国外空间规划编制内容的基础上，结合土地利用总体规划、城乡总体规划等法定空间性规划的编制内容，紧扣国家、自然资源部关于“多规合一”和国土空间规划的政策文件精神，基于前述“2＋3＋3＋X”的总体架构体系，尝试梳理构建国土空间规划编制的具体内容，以期为国土空间规划开展提供参考和借鉴。具体而言,国土空间规划编制的主要内容包括四大方面即国土空间基础评价、国土空间发展战略、国土空间管控体系和规划实施措施。

### 3.4.1 基础评价

国土空间基础评价也就是“双评价”,其是国土空间规划的一项基础研究内容,包括资源环境承载力评价和国土空间开发适宜性评价。基础评价的目的在于摸清国土空间资源的家底和国土空间开发利用保护的底盘,为国土空间发展战略制定和“三区三线”划定提供科学依据和基础成果。

资源环境承载力评价的基本内容是:以土地调查成果数据为基础,结合地质、遥感、经济社会等数据,选取适合规划地区特点的指标体系,进而采用一定的评价模型,首先计算国土空间所能承载的最大人口、最大建设用地规模;其次在更精细的空间尺度上评价资源环境承载力的空间差异及分区,例如可以划分公里格网进行精细化评价,如果数据精度达不到则可以下辖的行政区如乡镇为基本单元进行空间评价,从而找到资源环境承载力高、中、低的空间区域,由此为制定空间发展战略提供依据。

国土空间开发适宜性评价的基本内容是:结合影响国土空间开发的地形、地貌、水域、保护区、地质风险区、交通、人口、经济、增长极等因素,从生态敏感性评价和经济社会适宜性评价两大方面着手,构建综合评价模型,进而根据模型计算结果得到不同国土空间的开发适宜性等级,从而为国土空间发展战略制定和“三区三线”划定提供基础依据。

### 3.4.2 发展战略

发展战略是关系国土空间发展建设全局性的谋划,也是指导国土空间开发、保护、整治各项工作的纲领,具有方向性、长远性和总体性。同时,发展战略也是国土空间规划编制工作的首要内容和思路指南,起到全局统筹和引领的重要作用。国土空间发展战略编制包括国土空间发展的战略定位和目标、发展指标体系、空间结构等主要内容。

(1)战略定位和目标

要落实国家、区域发展的总体战略,结合自身资源环境承载力大小和国土空间开发适宜性情况,重点以上位国土空间规划和同级别发展规划为依据,统筹既有各类法定空间性规划提出的定位,创新提出规划地区的国土空间发展定位。要特别关注基础设施互联互通、生态环境共治共保、城镇村密集地区协调规划建设、重大公共服务设施统筹配置等方面要求,提出国土空间开发保护的总体战略。要梳理各类空间性规划的目标,围绕国土空间发展战略定位和促进形成可持续的美丽国土的总体目标，确定规划地区的主要目标。

(2)发展指标体系

在国土空间发展战略和目标确定的基础上，要构建国土空间发展的指标体系，形成可量化、可实施、可考核的一揽子指标体系。指标体系的选择应从自然、经济、社会等角度出发，可以包括经济社会发展、资源环境约束、国土空间开发、国土空间保护等多方面因素。从便于分类评价的目的出发，指标应包括约束性指标和预期性指标两大类。其中，预期性指标为弹性控制指标，可以根据实际情况进行调整和增减；而约束性指标则是刚性控制指标，是要严格实现和完成的指标。指标体系不是一成不变的，要根据不同规划地区的发展差异，适当增减指标，同时对于条件好的地区，可以设置更多的约束性指标，从而更加严格地管控国土空间发展。表 3－2 所列是从经济社会发展、资源环境约束和国土空间管控等三大方面构建的发展指标示例，以供参考。

**表 3－2　国土空间规划发展指标示例**

| 类别 | 指标 | 属性 |
|---|---|---|
| 经济社会发展 | 户籍总人口/常住总人口(万人) | 预期性 |
| | 城镇人口规模(万人) | 预期性 |
| | 地区生产总值(亿元)/人均地区生产总值(万元) | 预期性 |
| | 人口城镇化率(%) | 预期性 |
| 资源环境约束 | 污水集中处理率(%) | 约束性 |
| | 生活垃圾无害化处理率(%) | 约束性 |
| | 人均公共绿地面积(平方米) | 约束性 |
| | 集中式饮用水水源水质达标率(%) | 约束性 |
| | 万元生产总值地耗下降率(%) | 预期性 |
| | 空气质量优良天数比率(%) | 预期性 |
| 国土空间管控 | 森林覆盖率(%) | 约束性 |
| | 耕地保有量(公顷) | 约束性 |
| | 国土开发强度(%) | 约束性 |
| | 建设用地总规模(公顷) | 约束性 |
| | 公路与铁路网密度(千米/平方千米) | 预期性 |
| | 高标准农田建设面积(公顷) | 预期性 |
| | 水土流失治理面积(公顷) | 预期性 |

(3)空间结构

空间结构编制就是要在国土空间上形成等级规模有序、职能分工合理、辐射带动作用明显的空间配置形态及特定秩序。构建科学合理的空间结构体系是对国土空间发展战略、目标的进一步落实和体现，也是协调国土空间开发、保护与整治的现实需求，对促进国土空间可持续利用，形成高效协同的空间开发秩序，提高国土空间管控效率，确保国土空间安全，加快国家空间治理现代化进程都具有十分重要的战略意义。

在国土空间发展战略定位、发展目标、发展指标确定的基础上，根据资源环境承载力评价和国土空间开发适宜性评价的结果，结合规划地区的资源优势和发展特色、国土空间开发保护现状，统筹生态保护、资源利用、功能布局及经济社会发展，确定国土空间优化配置的总体结构，促进区域协同和可持续发展。

具体而言，国土空间总体结构编制应包括国土空间开发保护总体结构和城镇村体系结构两大部分。开发保护结构要明确全域范围内主要的发展轴、发展带、发展核以及各级各类保护区、保护带等，形成清晰明了的空间架构体系。城镇村体系结构是一定区域范围内由城市、乡镇、村庄共同组成的居民点等级序列和空间分布体系，包括城镇体系和村镇体系。要特别注意自然资源和历史文化资源是国土空间保护的重点对象，其包括各级各类自然保护区、风景名胜区、森林公园、地质公园、湿地公园、水产种质资源保护区、饮用水水源保护区、极小种群物种分布栖息地、公益林地、重要文物古迹以及地上地下的重大矿产资源等。要明确这些资源的类型种类、数量质量、空间位置等基本情况，提出保护和监管的对策措施。

### 3.4.3 管控体系

国土空间规划编制的第二大内容是国土空间管控体系编制，其是对国土空间发展战略的细化和落实，是实现战略定位、目标、指标的空间要素支撑和安排。根据目前国家和自然资源部的相关文件要求，国土空间管控体系可以重点从四个层面进行编制。一是"三区"即城镇、农业和生态三大空间划分；二是"三线"即生态保护红线、永久基本农田和城镇开发边界三大空间控制线划定；三是具体的土地用途规划管控；四是要素设施配置。"三区三线"属于宏观层面的空间管控，土地用途规划则是"三区三线"的具体细化，其应是规划地区全域范围内的土地利用安排，体现国土空间规划的全域统筹特点。而要素设施配置则是在"三区三线"和土地用途管控构建的国土空间大"棋盘"上，具体布局各种要素和设施即各种类型"棋子"的过程，其将在微观层面上确保规划目标、指标的落地实现。

(1)"三区"划分

总体上，"三区"划分要根据规划地区的不同主体功能定位，以资源环境承载力评价、国土空间开发适宜性评价为基本依据，综合考虑经济社会发展、产业布局以及永久基本农田、各类自然保护地、重点生态功能区、生态环境敏感区和脆弱区保护等底线要求，科学测算并划定城镇、农业、生态三类空间，同时落实好开发强度管控指标。在具体编制实践中，可以采取自上而下（省级层面向市县层面下达管控指标和要求）和自下而上（市县层面分解落实指标要求并报省级层面统筹校验汇总）相结合的方式，科学划定“三区”，由此构建国土空间管控的基本框架。

对于城镇空间，在“双评价”的基础上，结合法定有效的相关空间性规划如城乡总体规划、土地利用总体规划中关于城镇规划布局的内容，选择城镇建设用地的集中连片区域，从而划定城镇空间，进而明确城镇空间的国土开发强度指标和空间管控要求。在城镇空间管控要求上，既要满足城镇空间布局和功能优化的合理需求，又要以保护优先为基本理念，坚持存量开发、限制增量的思路，力争用更少的新增建设用地指标来支撑新的经济总量增长，提高城镇空间的开发利用效率和效益，由此从严管控城镇空间。

划定农业空间需在“双评价”的基础上，依据法定土地利用总体规划确定的土地用途管制分区和农用地分布，以保障粮食生产安全为核心，从而合理确定农业空间，并明确农业空间的国土开发强度指标和空间管控要求。在农业空间管控要求上，一是禁止基本农田违法转为城镇建设用地。如因国家能源、交通、水利、军事设施等重点建设项目确需占用基本农田选址建设的，应按法定程序对基本农田进行调整。基本农田调整应按占补平衡原则，确保不降低总量指标。二是严格控制占用一般农用地进行城镇建设。符合选址条件的建设项目，涉及占用一般农用地的，应按法定程序开发建设。三是现有村庄建设用地，应按照土地利用规划和村庄规划予以严格控制。要促进村庄建设用地土地整理，强化已废弃村庄建设用地复垦，加快中心村集聚发展，控制自然村庄的无序蔓延。

划定生态空间需要在“双评价”的基础上，结合主体功能区规划、生态功能区划和省级国土空间规划等要求，以最大限度保护生态安全、构建生态屏障的基本要求来划定生态空间，要把以生态功能较重要区和生态环境较敏感区为主的国土空间划为生态空间，进而明确生态空间的国土开发强度指标和空间管控要求。在生态空间管控上，首先要严格控制各类开发利用活动对生态空间的占用和干扰，从而确保依法保护的生态空间面积不减少，生态功能不降低，生态服务保障能力逐渐提高。二是禁止生态空间违法转为城镇建设用地和农业用地，如因国家能源、交通、水利、军事设施等重点建设项目确需占用生态空间选址建设的，应按法定程序进行调整。三是严格控制新增建设用地占用生态空间，符合区域准入条件的建设项目，涉及占用生态空间中的林地、草原等，按有关法律法规规定办理；涉及占用生态空间中其他未作明确规定的用地，应当加强论证和管理。四是生态空间内的现有建设用地，应根据生态保护需要，结合土地综合整治、工矿废弃地复垦利用、矿山环境恢复治理等各类工程实施，逐步转化为生态用地。五是生态空间内的现有农用地符合生态退耕条件的，应根据生态保护需要,结合退耕还林、退耕还湖计划安排,逐步转化为生态用地。六是应对依法保护的生态空间实行承载力控制,防止过度垦殖、放牧、采伐、取水、渔猎、旅游等对生态功能造成损害,确保自然生态系统的稳定。

(2)"三线"划定

生态保护红线应在生态空间内划定。生态保护红线是生态空间内的具有绝对重要性的生态要素和生态实体,是实现可持续发展的关键自然资本。要按照坚守生态底线、严格保护的原则划定生态保护红线;要遵循宁多勿少的思路划定生态保护红线,尽可能多地保护生态本底空间。生态保护红线一经划定,要落实最为严格的空间管控政策和措施,严禁一切以获取商业利益为目的的开发建设活动,对于公益性的、不损害生态质量的建设活动也要在严格评估和论证后进行。

永久基本农田控制线属于土地利用总体规划的法定控制线,也是构成农业空间的主要组成部分。永久基本农田划定工作是贯彻落实"十分珍惜、合理利用土地和切实保护耕地"基本国策和国家粮食安全战略的基本要求,是贯彻落实国家新型城镇化发展战略、生态文明建设战略的重要举措。要在已有永久基本农田划定工作的基础上,将城镇周边、交通沿线现有易被占用的优质耕地优先划为永久基本农田,给农业留下更多的耕地,将良田沃土、绿色田园永久留给子孙后代。总之,永久基本农田控制线是为最大限度地保护耕地、保障粮食安全而划定的基本农田保护区的边界,通过划定永久基本农田控制线来保障基本农田总量、用途和质量的稳定性,防止城市建设对基本农田的破坏。

城镇开发边界要在城镇空间内划定,要以限制城市无序扩张、管控城市空间增长为基本目标。设区市的国土空间规划应划定市辖区范围内的城市、镇区、乡政府驻地的开发边界,县国土空间规划应划定县域范围内的县城、镇区、乡政府驻地的开发边界。特别是法律法规或上位规划要求保护的区域不宜划入城镇开发边界内,这些区域主要包括:世界遗产、风景名胜区、自然保护区、森林公园、地质公园和水源保护地以及其他生态脆弱或敏感性较高的区域,活动地震断裂带、滑坡、泥石流、崩塌点、洪水淹没区等灾害易发区或地质危险区,大规模集中连片永久基本农田,其他需要控制、预留或不宜建设的区域等。

(3)土地用途规划管控

土地用途管控也是国土空间规划的重点核心内容之一,其是"三区三线"的微观层面上的具体化。《生态文明体制改革总体方案》明确提出"构建以空间规划为基础、以用途管制为主要手段的国土空间开发保护制度",并且要求"市县空间规划要统一土地分类标准";《省级空间规划试点方案》则要求"统一用地分类,系统整合《土地利用现状分类》《城市用地分类与规划建设用地标准》等,从而形成空间规划统一用地分类标准"。国土空间规划中的土地用途规划管控是由统一用地分类、梳理现状用途、分析多规差异、明确土地用途和管控要求等规划内容组成的，具体分析如下：

首先，要建立统一的国土空间规划用地分类标准。目前，在土地利用总体规划和城乡规划中都对土地进行了详细分类，用以指导各自的规划编制和土地利用安排。具体而言，土地利用总体规划中的用地分类标准《土地利用现状分类(GB/T 21010－2007)》和城乡规划中的用地分类标准《城市用地分类与规划建设用地标准(GB 50137－2011)》在用地类别划分上存在差异，这也是两规存在差异的一个基础性原因。因此，国土空间规划必然要实行统一的用地分类标准。其次，梳理土地现状用途。通过收集整理包括城乡规划、发展改革、国土、环保、林业、水利、农业等部门的基础地理数据、规划数据、审批数据等，按照土地用地分类明确现状土地用途。

最后，编制土地用途规划，提出管控要求。具体而言，要围绕城镇、农业、生态空间划定和用途管控要求，促进重大项目和集中建设用地向城镇空间集中，合理控制农业空间村庄建设用地拓展，控制并逐步减少生态空间内除重大基础设施、民生保障项目等以外的各类建设用地。要加强对基础设施、产业发展、公共服务、资源能源、生态环境保护等的规划布局研究，明确重大交通设施、环境保护设施、能源设施、安全设施及其他设施的规划安排。要明确城市、镇、乡、村庄建设用地和区域交通设施用地、区域公用设施用地、特殊用地、采矿用地及其他建设用地的位置、边界、规模，要明确水域、农林及其他非建设用地的位置、边界、规模，形成全域土地用途规划管控一张图。需指出的是，土地用途现状和规划数据应统一为“2000 国家大地坐标系”。

综上，通过建立统一的用地分类标准、梳理土地用途现状、编制土地用途规划等工作，来完成国土空间规划中的土地用途规划管控，由此保证土地资源的科学合理利用，促进建设用地的节约集约开发，提高土地开发利用效率，从而为构建可持续的美丽国土空间奠定基础。

在完成国土空间规划管控体系编制后，可以形成如表 3－3 和表 3－4 所列的一览表(仅供示例)。表 3－3 所列是“三区三线”管控一览表，其将总结给出三大空间的面积、开发强度要求以及三大控制线的面积等。表 3－4 所列是土地用途规划管控一览表，将汇总给出各类用地的面积和占比等。

**表 3－3 国土空间管控一览表**

| 指标名称(单位) | 属性 |
|---|---|
| 城镇空间总面积(公顷) | 预期性 |
| 城镇空间开发强度(%) | 约束性 |
| 农业空间总面积(公顷) | 预期性 |

（续表）

| 指标名称（单位） | 属性 |
|---|---|
| 农业空间开发强度（%） | 约束性 |
| 生态空间总面积（公顷） | 约束性 |
| 生态空间开发强度（%） | 约束性 |
| 城镇开发边界线内用地总面积（公顷） | 约束性 |
| 生态保护红线内用地总面积（公顷） | 约束性 |
| 永久基本农田总面积（公顷） | 约束性 |

**表 3－4　土地用途规划管控一览表**

| 土地类别 | 用地面积（公顷） | | 占比（%） | |
|---|---|---|---|---|
| | 现状 | 规划 | 现状 | 规划 |
| 建设用地 | | | | |
| 城镇建设用地 | | | | |
| 村庄建设用地 | | | | |
| …… | | | | |
| 非建设用地 | | | | |
| 耕地 | | | | |
| 林地 | | | | |
| …… | | | | |

（4）要素设施配置

要素设施配置主要包括产业布局、重大设施布局两个方面内容。在产业布局上，要明确全域产业的总体布局，主要是工业产业、旅游产业和农业产业等各类产业的空间分布。其中，工业产业要以各类园区为主，旅游产业要以支柱旅游产业为主，农业产业要以现代农业园区为主，从而形成合理的产业空间布局。

重大设施是国土空间正常运转的基础保障，主要包括交通设施（机场、铁路、公路、港口等）、电力设施、燃气设施、水利设施、环卫设施等基础设施以及科教文卫体等公共服务设施等。要统筹安排重大设施布局，重点围绕基础设施互联互通、公共服务设施共建共享共用，从而为国土空间开发保护提供完善的设施保障。

### 3.4.4　规划实施

同其他任何规划一样，国土空间规划编制的最后一部分就是提出规划实施的措施和建议，主要包括两个部分内容即国土空间开发、保护和整治的重大项目库和保障国土空间规划顺利实施的具体措施。

(1)重大动态项目库

国土空间开发、保护和整治的重大项目是确保实现规划目标、构建可持续的美丽国土空间的关键，也是国土空间规划落地实施的具体体现。重大动态项目库的项目遴选应根据规划地区各个政府部门相关需要落地建设的项目安排进行梳理，按开发保护的标准分，通常包括交通运输类项目、水利工程类项目、能源类项目、环境保护类项目、生态治理修复类项目等；从国土综合整治的角度看，主要包括高标准农田建设、土地整治复垦、宜耕后备土地资源开发、矿山地质环境保护、环境治理、地质及海洋灾害治理、水土保持等国土整治类项目；从项目的具体属性类别看，主要包括工业类项目、农经类项目、资源环境类项目、投资和基础设施类项目、社会公共事业类项目、服务业类项目、能源类项目等。同时，建立重大建设项目库和落实近期建设项目库都要符合一定的要求，具体要求详见表 3－5 所列。

**表 3－5　项目库建设要求**

| 项目类型 | 应符合具体要求内容 |
|---|---|
| 重大建设项目 | ① 以国民经济和社会发展规划确定的重大项目为基础，补充其他部门的相关规划或计划，建立统一的重大建设项目库。<br>② 库中项目应按照类型、级别、建设时序进行分类和排序。<br>③ 库中的保障公益类项目，包括保障房、公益性公共服务设施、基础设施以及市县级以上重点项目等，应根据建设时序进一步明确项目建设的用地需求。 |
| 近期建设项目 | ① 市空间规划在市区层面、县空间规划的在县域范围内，应明确综合交通、水利、能源、城市安全防灾等区域设施的线路走向、宽度或用地范围；市区或县域内的其他项目，可通过布点或实线控制方式予以落实。<br>② 在城市或县城建设用地内部，应明确市级或县级行政办公、文化、教育科研、体育、医疗卫生、社会福利等公共管理与公共服务设施，以及重大交通设施、公用设施和绿地广场等用地的布局；对产业类项目应明确选址区域；已有明确意向和建设要求的项目应确定用地具体范围，未能明确的项目可采用布点或虚线控制方式予以落实。<br>③ 涉及重点发展地区和规模较大的重点建设项目，根据用地指标和支撑条件，可实行分期建设。<br>④ 已落实用地的近期重大建设项目，应制定项目一览表，包括项目类别、项目名称、建设时序、选址位置等。 |

项目库建设根据需要可分为近期和远期项目库，其中近期项目要重点落实用地问题，应加强与近期建设规划以及年度行动计划的衔接，尤其是要落实民生公益

性和社会保障性项目的用地问题。远期项目要着重对选址进行引导和预判,可进行点位控制。由于国土开发的动态性和不确定性,项目库也将是动态调整的,要根据实际需要适时增减调整项目库,以便保障国土空间开发保护和整治建设的平稳进行。

(2)实施措施

首先,要完善国土空间规划实施的机制。要围绕上位国土空间规划的目标推进和任务落实,建立规划实施的监测监管和实施评估体系,完善规划实施绩效考评机制,形成促进节约集约用地的奖惩机制,强化规划实施督察监管,坚持专项检查与日常监督检查相结合,健全规划实施制度与实施机制。要严格依据国土空间规划,从严审查各类规划的用地规模和标准,切实落实"三区三线"和土地用途管控制度。凡不符合国土空间规划的,必须及时调整和修改用地规模与布局。

其次,要制定国土空间规划实施的相关配套政策。要按照生态文明制度体系框架的要求,遵循归属清晰、权责明确、监管有效的原则,完善土地、水、矿产等自然资源资产产权和管理制度、自然生态空间用途管控制度,建立健全生态环境治理体系。按照构建与资源环境承载力、国土空间开发适宜性相匹配的国土空间格局及其管控体系要求,制定人口流动、产业投资、金融财税和资源配置政策,完善配套措施,促进国土空间均衡与可持续发展。

最后,要加强规划的舆论宣传。相对于原来各部门、企事业单位、社会大众较为熟悉的城乡规划、土地利用总体规划而言,国土空间规划是一项新事物,因此,加强规划的宣传教育是保障规划顺利实施的一项重要措施。要充分利用各种媒体,对规划主要内容进行宣传,提高全社会依法依规用地意识,增强对科学用地、节约用地、保护自然资源重要性的认识。要建立健全规划编制与实施的公众参与和公示制度,公开规划内容、实施规划的政策和有关要求,公开按规划审批和审查用地的结果。完善规划编制与修改的听证制度,广泛听取各社会阶层群众的意见。要建立规划专家库,利用专家资源对国土空间开发保护状况进行分析评价,定期组织专家开展规划实施评估,就规划和自然资源合理利用的理论和实践问题进行专题研究,以增强规划的科学性和客观性。

## 3.5 规划成果

规划成果是国土空间规划编制内容的具体呈现。国土空间规划编制的基本成果要包括规划文本、规划图集、规划说明、基础研究报告、规划数据库以及其他材料等几个部分。当然,根据规划地区的不同特点,规划编制成果可以适当增加相应内容。

### 3.5.1 规划文本

规划文本是具有法律效力的规划文件，由内容清晰、简洁明了的控制性条文所构成，全面反映了国土空间规划的编制内容。国土空间规划文本的内容可以包括：国土空间现状分析、规划总则、国土空间发展战略、国土空间管控体系、规划实施措施、附表等基本内容。

(1)国土空间现状分析

重点归纳总结规划地区的国土空间开发保护现状以及存在的主要问题，分析国土空间规划面临的形势。

(2)规划总则

主要包括规划目的、规划依据、规划期限、规划范围、规划地位和作用等内容。

(3)国土空间发展战略

应包括国土空间发展定位、国土空间开发保护目标以及国土空间开发保护战略、发展指标、空间结构等内容。其中，发展定位要科学合理地确定国土空间保护与发展的总体定位；国土空间开发保护目标要从经济社会发展、资源环境约束、国土空间保护、空间利用效率、生态修复等方面提出规划目标，同时，规划目标要包括近期目标、远期目标和远景目标，由此构建系统的规划目标体系；国土空间开发保护战略要从保护和开发协调进行的角度出发，提出国土空间开发保护的总体战略，为进一步的规划布局和开发保护提供总体框架和行动方向；发展指标是规划管控要求的具体化，既要能落实上级规划的管控要求和指标，又可将主要要求和指标分解到下级规划；空间结构应包括空间发展战略格局和城乡居民点体系等主要内容。

(4)国土空间管控体系

国土空间管控体系主要包括四个层面：首先是城镇、农业、生态三类空间划定及其国土开发强度控制指标制定，提出差异化的空间管控措施；其次是生态保护红线、永久基本农田和城镇开发边界三大控制线划定，结合规划地区的特点可以划定其他空间控制线如产业区块控制线、历史文化遗产保护控制线等，要明确各类控制线的边界、规模及其管控措施；第三是土地用途规划管控，在市县国土空间规划里，要做到全域、全要素、全地类的规划管控；最后是要素设施配置，主要包括产业布局、综合交通以及资源能源、基础设施、公共服务和防灾减灾等重大设施布局。

(5)规划实施措施

应包括编制重大项目库、制定规划实施措施等内容。

(6)附表

主要包括规划指标一览表、国土空间管控一览表、重大项目库一览表等。

### 3.5.2 规划图集

国土空间规划图集主要包括现状图集和规划图集。现状图集主要包括区位关系图、土地用途现状图、生态资源现状分布图、综合交通体系现状图、国土空间开发适宜性评价图、公共设施分布现状图等;规划图集主要包括国土空间结构规划图、国土空间分区规划图、国土空间控制线规划图、土地用途规划图、国土整治与生态保护修复布局规划图、城镇体系(镇村体系)规划图、综合交通体系规划图、重大设施布局规划图、综合防灾体系规划图、近期重大项目布局规划图等。根据各个规划地区的具体情况,还可以增加相应图纸,以便能更清晰完整地表达规划编制成果。对于区位关系图、土地用途现状图、国土空间结构规划图等一些重要的规划图要表达的内容说明如下。

(1)区位关系图

主要表达规划地区在区域中的位置,与周边城镇的空间联系和结构关系。

(2)土地用途现状图

应标明规划范围内现状各类土地的性质和范围,山水林田湖草的范围,各类保护区、矿产资源分布区的分布范围等。

(3)国土空间结构规划图

表达国土空间开发保护的总体格局,应标明规划地区的行政区划、总体空间格局、发展轴带核、城镇等级体系、交通廊道和站场、各类开发园区、生态保护屏障与轴带、水源涵养与水源地保护布局、重要生态功能区布局等。

(4)国土空间分区规划图

表达城镇、农业、生态三大空间的分布和配置,应标明城镇、农业和生态三大空间的划分,铁路、公路、河湖水域等空间廊道分布情况等。

(5)国土空间控制线规划图

表达生态保护红线、永久基本农田和城镇开发边界三大控制线的分布,应标明三大控制线的范围,铁路、公路、河湖水域等空间廊道分布情况等。如有其他控制线,也要一并标明。

(6)土地用途规划图

按照统一的用地分类标准标明规划范围内各类土地的规划性质和范围,山水林田湖草的范围,各类保护区、矿产资源分布区的规划分布范围等。

(7)重大设施布局规划图

应标明规划支撑国土空间格局架构的铁路、公路、给排水、电力、电信、燃气等主要线性设施,交通枢纽、水利设施、港口码头、机场、环卫、防灾减灾、科教文卫体等主要点状设施等,明确线状设施廊道的走向和控制宽度。

(8)近期重大项目布局规划图

应标明近期拟建重大项目的名称、选址布点、用地范围等内容。

### 3.5.3 其他规划成果

同其他规划的说明一样,国土空间规划的说明也是对规划成果的具体阐释和分析,主要阐述规划决策的编制基础、技术分析和编制内容,是规划实施中配合规划文本和规划图集使用的重要参考。

基础研究报告主要包括现行规划实施评估、资源环境承载力评价、国土空间开发适宜性评价、国土空间风险评估等内容。根据规划需要和规划区的特殊情况,也可以开展针对相关重大问题的研究,如国土空间发展战略研究、产业布局研究、土地资源保护利用研究、水资源开发与配置研究、生态保护修复研究、区域协调发展研究、乡村振兴研究、城乡一体化研究等。

规划数据库是国土空间规划成果数据的集成。其是国土空间信息平台的支撑内容,也是连接空间规划成果与信息平台的纽带。规划数据库的格式一般应为标准的矢量数据格式,坐标应采用2000国家大地坐标系。

其他材料主要包括规划编制过程中产生的一些相关材料,主要包括各个部门对规划的意见、有关规划编制的会议纪要、规划论证评审意见、公众参与记录和相关建议、政府审查审批文件等。

上述规划文本、图集、说明、基础研究报告和规划数据库应是国土空间规划编制成果的基本构成。但由于规划地区的特殊性,在具体实践中,将会增加相应的编制成果,由此更清晰完整地表达规划编制内容。同时应指出的是,国家统一的国土空间规划编制内容和成果要求标准尚未出台,本节构建的编制成果内容可供相关部门和读者参考。

# 4 国土空间规划编制方法

上一章对国土空间规划编制的主要内容进行了探索分析,初步给出了笔者对国土空间规划"是什么,做什么"的思考。本章将论述国土空间规划"如何做"的问题,即针对国土空间规划编制中的关键技术方法展开探讨。需指出的是,国土空间规划具有高度综合性、科学性与工程实践性有机统一的特点,涉及多学科、多专业的理论和方法,限于笔者知识能力,只能针对其中的关键问题进行分析,尝试给出解决方法,以期为国土空间规划编制提供方法论上的支持和参考。具体而言,本章将给出资源环境承载力评价、国土空间开发适宜性评价、三类空间划分、三大控制线划定、规划数据处理的具体技术方法。这些技术方法都是国土空间规划编制中的关键节点,能在总体上为科学编制国土空间规划提供技术支撑。

## 4.1 总体概述

城市与区域规划大师格迪斯提出了现代城市规划的经典方法"调查—分析—规划"。在国土空间规划里,仍可以应用这一经典方法流程,区别在于第二步骤中的"分析"在国土空间规划里突出地表现在资源环境承载力评价和国土空间开发适宜性评价上。因此,可以把"调查—分析—规划"调整为"调查—评价—规划",以此作为国土空间规划编制的基本方法和范式。

### 4.1.1 调查

规划调查是规划编制中最基础但也是最重要的工作。没有调查就没有发言权,规划也就成为无源之水、无本之木,从而失去功能和作用。通常,规划调查的目的在于了解和认知规划对象的基本情况,收集相关部门的基础资料,征询汇总各部门的意见、建议和设想,从而为规划编制工作提供扎实基础,保障规划编制工作顺利进行。国土空间规划调查的根本目的是全面而系统地梳理摸清国土空间资源的家底,即各级各类空间要素、空间实体的类型、数量、规模和分布,为构建国土空间结构、优化国土空间布局提供翔实的基础资料。

根据自然资源部的机构改革要求，国土空间规划编制实施和管理是其内设职能。但作为一项涉及国土空间资源开发保护的综合性规划，仍然需要发改委、住建、农业农村、生态环境、交通、公安、民政、文化旅游等其他部门的协同配合。特别是当前的国土空间规划尚没有先例可循，仍要参考既有法定的各个空间性规划，因此，规划调查仍将是一个系统工作，涉及各个部门的数据、资料和成果。具体而言，表 4-1 所列给出了国土空间规划开展中可能需要收集和整理的基础资料清单。

**表 4-1 国土空间规划调查资料清单**

| 部门 | 资料名称 | 文件格式 |
|---|---|---|
| 原国土 | 土地利用总体规划成果及数据库 | 文档，矢量数据，栅格数据 |
| | 永久基本农田划定成果 | 矢量数据 |
| | 矿藏资源分布规划 | 文档，矢量数据，栅格数据 |
| | 地质灾害防治规划 | 文档，矢量数据，栅格数据 |
| | 遥感影像图 | 栅格数据 |
| | 土地利用现状变更调查数据 | 文档，矢量数据 |
| | 第二次全国土地调查数据 | 文档，矢量数据 |
| | 地形图 | 矢量数据 |
| | 土地审批数据 | 矢量数据 |
| | 近年来工作总结 | 文档 |
| | 建设项目审批管理地方法规、规章、政策、规范性文件 | 文档 |
| 原规划 | 城乡总体规划 | 文档，矢量数据，栅格数据 |
| | 城镇控制性详细规划 | 文档，矢量数据，栅格数据 |
| | 村庄布点规划 | 文档，矢量数据，栅格数据 |
| | 相关专项规划 | 文档，矢量数据，栅格数据 |
| 发改委<br>经信委 | 规划地区的“十三五”发展规划 | 文档 |
| | 省域主体功能区规划 | 文档，栅格数据 |
| | 产业发展规划 | 文档，栅格数据 |
| | 年度建设项目安排 | 文档 |
| | 相关审批资料 | 文档 |

（续表）

| 部门 | 资料名称 | 文件格式 |
|---|---|---|
| 生态环境 | 环境保护“十三五”规划 | 文档,矢量数据,栅格数据 |
| | 农村连片环境整治规划 | 文档,矢量数据,栅格数据 |
| | 水环境功能区划 | 文档,矢量数据,栅格数据 |
| | 水源保护区划分资料 | 文档,矢量数据,栅格数据 |
| | 污水厂、生活垃圾处理场、危险废弃物处理场规划 | 文档,矢量数据,栅格数据 |
| | 重点环境保护地区的分布及范围划分(自然保护区、风景名胜区、重要水源地、环境敏感区),相关保护规划 | 文档,矢量数据,栅格数据 |
| | 生态保护红线划定成果 | 文档,矢量数据,栅格数据 |
| | 相关审批资料 | 文档 |
| 农林 | 林地保护利用规划 | 文档,矢量数据,栅格数据 |
| | 主要特色农业、规模基地化农业情况(类型、分布区位、规模等) | 文档,矢量数据,栅格数据 |
| | 现代农业发展构思和结构、布局调整计划 | 文档 |
| | 农业发展“十三五”规划 | 文档 |
| | 林业发展规划或相关研究报告 | 文档,矢量数据,栅格数据 |
| | 生态保护地区:自然保护区、森林公园、林地(公益林、经济林等)、风景名胜区、水源涵养区、重要湿地、清水通道维护区、郊野公园等的名称、类别、等级、范围、面积 | 文档,矢量数据,栅格数据 |
| 水利 | 水资源保护与利用规划 | 文档,矢量数据,栅格数据 |
| | 河流水系情况 | 文档,矢量数据,栅格数据 |
| | 水利发展“十三五”规划 | 文档 |
| | 水功能区划、水利专项规划 | 文档,矢量数据,栅格数据 |
| | 近年来的水资源公报或水资源调查报告 | 文档 |
| 交通 | 综合交通发展规划 | 文档,矢量数据,栅格数据 |
| | 公共交通规划 | 文档,矢量数据,栅格数据 |
| | 交通“十三五”规划 | 文档,矢量数据,栅格数据 |
| 文化旅游 | 旅游总体规划、旅游发展“十三五”规划 | 文档,矢量数据,栅格数据 |
| | 文物保护规划 | 文档,矢量数据,栅格数据 |
| | 景区、旅游度假区、风景名胜区的名称、等级、范围、占地面积 | 文档,矢量数据 |

（续表）

| 部门 | 资料名称 | 文件格式 |
| --- | --- | --- |
| 住建 | 近年来城乡建设的基本情况、基础设施建设规划 | 文档，矢量数据，栅格数据 |
| 教育 | 教育布点规划 | 文档，矢量数据，栅格数据 |
| 民政 | 行政区划资料 | 文档，矢量数据，栅格数据 |
| 民政 | 社会福利设施（福利院、养老院、孤儿院、公墓等设施）的规模、数量、位置 | 文档，矢量数据，栅格数据 |
| 市政 | 供水、电力、燃气、电信等 | 文档，矢量数据，栅格数据 |
| 公安 | 近年来人口数据 | 文档 |
| 卫健 | 卫生设施的规模、数量、位置 | 文档，矢量数据，栅格数据 |
| 统计部门 | 近年来统计年鉴 | 文档 |
| 下辖县、区、乡镇 | 政府工作报告 | 文档 |
| 其他 | 资源保护管理相关地方法规、规章、政策、规范性文件，山地、林地保护管理办法，湿地保护管理办法，河流水系保护管理办法等 | 文档 |

### 4.1.2　评价

自然资源部的重要使命就是在生态文明新时代这一历史背景下，承担建立国土空间规划体系并监督实施的职责，目标是推进国土空间领域国家治理体系和治理能力现代化。在这一过程中，国土空间规划将承担基础性的支撑作用，像“龙头”一样发挥核心管控职能。按照国家和自然资源部的要求，国土空间规划要在“双评价”即资源环境承载力和国土空间开发适宜性评价的基础上，科学划定城镇、农业、生态三大功能空间以及生态保护红线、永久基本农田、城镇开发边界三条空间控制线，由此体现底线思维，强化底线约束，为构建美丽国土空间夯实基础。因此，如果说国土空间规划是国家规划体系的空间基础，那么资源环境承载力评价和国土空间开发适宜性评价就是国土空间规划的基础，其为科学编制国土空间规划提供核心决策支持。

“双评价”在国土空间规划中具有重要战略地位。通过“双评价”来摸清国土空间的全部家底,在此基础上科学划定“三区三线”这个统一的总体格网,进而再把各种空间要素规划布局在这个总体格网中,由此彻底克服以前“空间重叠,功能交叉,管控不一”的多规冲突和矛盾,实现“同一个空间、同一个功能、同一个管控”的根本目标。

本质上看,“双评价”就是要精细化地评价国土空间的地域分异规律和特点。所谓地域分异是指自然地理综合体及其各组成部分按地理坐标确定的方向发生有规律的变化和更替的现象,是“人—地”复合系统的根本特征。地球表面的地域分异是自然、经济、人文等要素相互作用而表现出来的一种综合效应,地域分异具有不同的空间尺度和等级层次性,其中大尺度的地域分异控制着小尺度地域分异的发展,小尺度的地域分异是大尺度地域分异形成、发展的基础。地域分异会呈现出一定的规律性,这种规律性受到自然因素(太阳辐射、地形地貌等)、经济因素(经济区位、交通条件等)和社会因素(政治、文化、习俗等)的共同影响。由于受到地域分异规律的影响和制约,各种资源环境的开发利用都因所处地理空间位置的不同而形成地域差别,使得人类的空间开发活动有特定的空间位置和范围,形成各个具有一定相似性和差异性的功能分区。作为地理学的经典理论之一,地域分异理论是各种功能区划最基础的支撑理论之一,各种功能区划如自然区划、生态区划等都是按照各区之间的相似性和差异性而进行划分的,其实质就是地域分异规律的客观反映。

国土空间规划是区域自然、经济和社会诸多因素在地域空间分布上的综合规划,是新时期对地域分异规律的深入研究和应用,其目标在于调整、优化空间开发的方式和方向,区域空间单元的相似性和差异性将直接决定着国土空间单元的功能选择与布局。因此,在国土空间规划中,通过“双评价”来揭示国土空间的地域分异规律和特点,挖掘其地域分异的差异性和相似性,定量测度评价国土空间所能承载的人口、经济规模以及承载能力的空间差异性,全覆盖高精度地评价国土空间的开发适宜性,由此为确定国土空间的开发强度、科学划分“三区三线”提供决策依据。

综上,“双评价”是国土空间规划的基础和前提,为具体编制提供科学的决策依据,具体包括:国土空间所能承载的人口、经济规模,高、中、低承载力的空间分布,哪些区域适合城镇化和工业化开发,哪些则不适合开发而适合作为关键自然资本保护起来等。这些信息将为划定“三区三线”奠定基础,进而为后续的国土空间规划布局提供基础支撑。

### 4.1.3 规划

规划是调查、评价的必然延续,也是国土空间规划的主体核心工作。调查是获取各种基础资料、数据的过程，评价是摸清国土空间家底的工作，而规划是前述工作的综合集成。需指出的是，国土空间规划既不是城乡总体规划，也不是土地利用总体规划，但也不是完全抛弃城乡总体规划和土地利用总体规划，而应是对两者的一种辩证扬弃，即吸取两者中的合理内容和成分，解决两者在坐标系不同、基于土地开发利用的空间管控手段方式不同、用地分类不同等方面的问题，由此形成全新的规划编制内容框架体系。

在国土空间规划的规划编制阶段和过程中，其重要内容包括研判国土空间发展战略、构建国土空间管控体系和提出规划实施措施等三大方面，其中心任务是深入研究和挖掘、全面安排和布局国土空间的结构和功能，并使结构和功能统一协调并契合为一个有机整体，从而实现山水林田湖草“生命共同体”系统保护的需要，进而确保城镇化、工业化开发得到有序进行，最终实现城乡、区域、人、自然以及资源、环境、经济、社会的可持续发展。

## 4.2　资源环境承载力评价方法

### 4.2.1　方法概述

作为国土空间规划编制的两大基础性评价之一，资源环境承载力评价要预测国土空间未来能够承载的水资源、粮食产量、土地资源、社会经济资源的规模，进而测算国土空间未来能够承载的人口规模和建设用地规模，同时划分不同等级的资源环境承载力的空间分区，以期为国土空间规划提供重要的科学基础。

本节构建资源环境承载力评价的技术路线和方法模型，总体思路包括：首先，在基础资料和数据收集的基础上，综合研判资源环境现状，具体包括自然资源（土地资源、水资源、矿产资源、森林资源、粮食作物等）、社会概况（人口、教育和科学技术、医疗和卫生）和经济概况（GDP、产业结构），由此获得对规划地区资源环境现状的总体认识。其次，借助多情景、多类型的人口和经济承载力计算方法，计算国土空间资源环境承载的人口、经济规模，进一步测算出资源环境承载力下的最大建设用地量。最后，利用综合指标法计算资源环境承载力的空间分布状况，并划分为不同等级如高、中、低三类的资源环境承载力空间分区，以期挖掘国土空间资源环境承载力的空间差异和特点，得到哪些空间单元承载力高而适合大规模开发、哪些低而不适合大规模开发、哪些则要保持合适的开发规模和强度。具体的评价技术方法路线如图 4 - 1 所示。

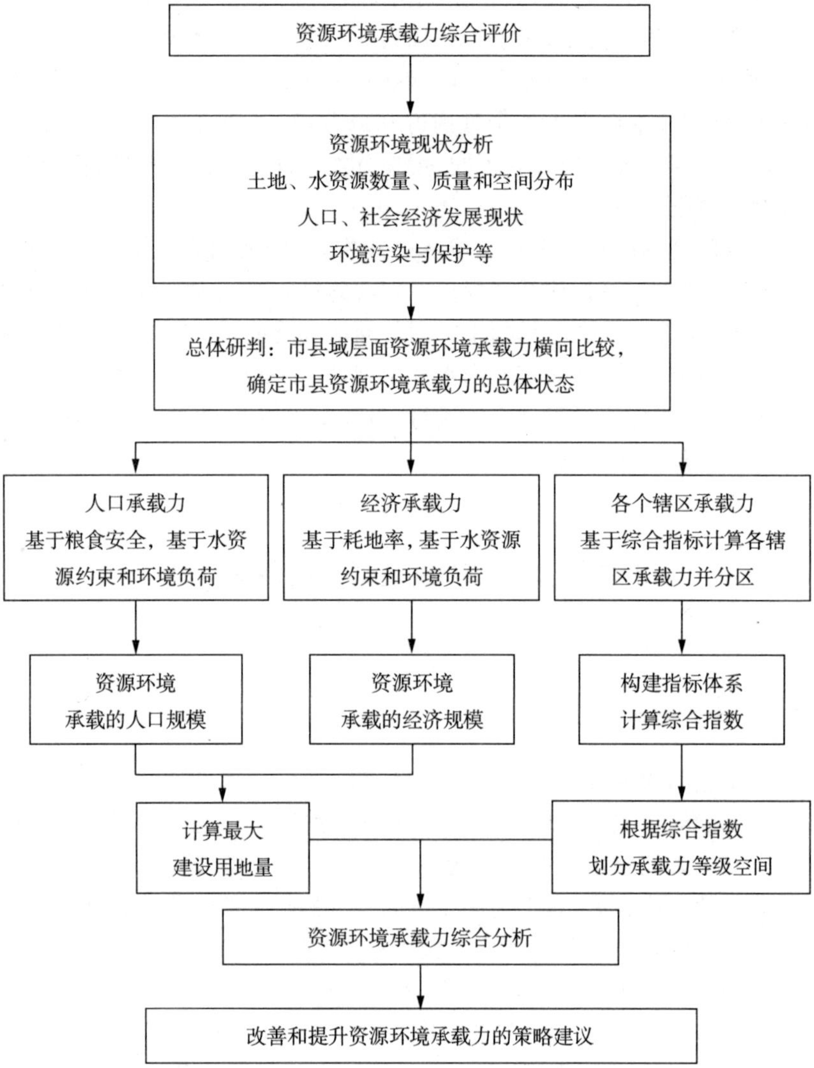


图 4-1　资源环境承载力评价技术路线图

### 4.2.2　总体研判

总体研判是资源环境承载力评价的第一步,其是在收集和整理资源环境基本情况的基础上,从总体上对资源环境发展现状有一个系统、全面、客观的认知和了解,同时能够挖掘出影响资源环境承载力的关键因素,这就能抓住主要矛盾,从而为后面的具体计算奠定基础。具体而言,对于一个行政区来说,其资源环境承载力具有相对性和不可比性。每个区域都不是孤立的,都必然与其他区域发生各种联系，这就表明必须将其放到一个更大范围的区域范围中，通过与同类型行政区在同一个评价标准下进行对比分析，才能发现该行政区资源环境承载力的总体状态。例如，评价某县的资源环境承载力，要将其与同类型的县放到一起对比分析，可以放到该县的上级行政区地级市范围内进行比较，也可以放到省级行政区范围内进行比较。这样做的目的就在于对该县的资源环境承载力在宏观层面上有一个总体认识和把握，由此抓住问题的关键要点并能展开针对性的计算评价。

在总体研判时，可以从自然、经济和社会三大方面选取若干指标进行横向对比分析。例如，可以选取人均可利用土地资源、人均可利用水资源、环境容量、国土开发强度、人口集聚度、经济发展水平等6个指标，对国土空间单元进行资源环境承载力的横向评价。其中，土地、水反映了最基本的自然资源承载力情况，环境容量则反映了所能容纳污染物的最大负荷量，国土开发强度代表了经济社会发展对国土空间和资源环境的压力，人口集聚度和经济发展水平则反映了经济社会环境的水平和状态。综合以上六大指标分析，从而得到规划区域的资源环境承载力的总体研判结果。在此基础上，再具体从人口、经济、用地等三大方面进行资源环境承载力的综合评价，由此得到一个全面、系统的资源环境承载力评判结果，以期为国土空间规划提供科学的决策依据。

### 4.2.3 人口承载力

人是经济社会发展的主体，人口规模计算是资源环境承载力评价的核心之一，同时，也只有得到资源环境系统所能承载的最大人口规模，才能进一步得到所需的建设用地规模。另一方面，同其他规划一样，国土空间规划也是为人服务的，是一种为解决新时代人民日益增长的美好生活需要和不平衡不充分发展之间主要矛盾的空间治理管控新手段。因此，科学测算资源环境对人口的承载力是资源环境承载力评价的首要任务。人口承载力的计算方法有多种，根据国土空间规划聚焦于协调开发与保护、构建美丽可持续国土的历史使命，建议应从粮食安全（土地资源）、水资源、环境负荷三个基本视角进行计算。

(1)基于粮食安全约束的人口承载力

粮食安全同18亿亩耕地红线一样关乎国家、民族发展大计和社会稳定，因此基于粮食安全供给来计算人口承载力是最常用的方法之一，其直接反映了土地资源对人口发展的承载力。计算步骤包括：首先，计算规划目标年度的粮食生产供给能力；其次，根据目标年的粮食生产供给能力计算所能养活的人口数量即人口承载力，计算公式如下。

$$P=\frac{abcd}{xy} \tag{1}$$

上式中,$P$ 为规划目标年在粮食安全约束下的人口规模。分子项 $abcd$ 表示目标年的粮食总供给量,其中 $a$ 为目标年的可耕地面积,$b$ 为粮食单产,$c$ 为复种指数,$d$ 为粮作比例。分母项中的 $x$ 表示人均粮食需求量,$y$ 表示粮食自给率。

目标年的粮食总供给量即总产量要充分考虑土地整理、复垦、退耕、灾毁等因素的影响;目标年的可耕地面积通常可以按下面的方法计算:

规划期末可耕地面积=现状耕地面积+规划期内开发整理补充的耕地面积-规划期内各项建设占用耕地面积-规划期内生态退耕面积-规划期内灾毁耕地面积。

目标年的粮食单产可以根据过去历年的单产统计资料进行回归预测得到,回归方法要根据不同地区的数据结构和特点进行灵活选择如线性回归、多元线性回归、非线性回归等,也可以采用多种方法回归后选取精度相对最优的回归模型进行最终的预测。

人均粮食需求量可参照国际粮食安全标准,550kg/人・年为富裕、500kg/人・年为小康、450kg/人・年为温饱、400kg/人・年为营养安全标准。粮食自给率是用来客观衡量一个国家或地区已有的粮食(包括食品)满足自身需求的能力,也就是当年粮食产量占当年粮食消费量的比重,用以衡量一个国家的粮食安全水平。通常,一个国家或地区的粮食自给率在100%以上,就是完全自给;在95%—100%之间,属于基本自给;在90%—95%之间,是可以接受的粮食安全水平;一旦小于90%,粮食供给的风险就会增大。

(2)基于水资源约束的人口承载力

水是人类赖以生存的重要物质,是生态环境保育和改善过程中不可替代的宝贵自然资源,是支撑经济社会发展最基本的生态要素。水资源越丰富,表明国土空间用于生态环境建设和经济社会发展的水要素支撑能力更强,相应的承载力也越大。随着中国城镇化工业化的加速推进,水资源需求量日益加大,缺水已经严重制约了部分区域的可持续发展。在当前水资源日益告急而用水量却仍在增加的大环境下,水资源承载力也理所当然地成为资源环境承载力评价的重要内容。

水资源总量是指评价计算区域内降水所形成的地表和地下的产水总量,即地表径流量和降水入渗补给量之和。地表水资源量是河流、湖泊、冰川等地表水体逐年更新的动态水量即河川径流量;地下水资源量是地下饱和含水层逐年更新的动态水量,即降水和地表水入渗对地下水的补给量。但是,水资源总量并不等于地表水资源量与地下水资源量的简单相加,需扣除两者重复量。基于水资源约束的人口承载力计算公式如下:

$$P=\frac{W}{C}\times k \tag{2}$$

上式中，$P$ 为规划目标年在水资源约束下的人口规模，$W$ 为规划区域的目标年水资源总量，$C$ 为目标年的人均综合用水量，$k$ 为修正系数。通常，$W$ 可以从规划地区的《水资源公报》或水资源利用规划和控制目标中直接得到，在具体计算时除了地表水和地下水外，还要考虑到外来调水的因素，如果有外来调水则也要计入 $W$。$C$ 则可以采用定额法，例如可以采用国际上较为通用的标准（丰水线 $3000m^3$/人、警戒线 $1700m^3$/人、最低线 $300m^3$/人）。当然，也可以根据规划地区过去历年的人均综合用水量的统计资料进行回归预测得到，方法与粮食单产预测一样。由于水污染将导致承载力折减，因此 $k$ 值要根据水质达标率进行确定，当水质达标率低于 60%时，$k$ 取 0.8；当水质达标率≥60%且<70%时，$k$ 取 0.9；当水质达标率≥70%且<80%时，$k$ 取 0.95；当水质达标率≥80%时，$k$ 取 1。

(3)基于环境负荷的人口承载力

以 $SO_2$ 排放量来计算环境负荷约束下的人口承载力，计算公式如下：

$$P=\frac{S}{T} \tag{3}$$

上式中，$P$ 为基于环境负荷的规划目标年人口规模。$S$ 为规划区域目标年的 $SO_2$ 排放量控制目标，其可以在环境保护规划里得到，也可以根据过去历年 $SO_2$ 排放量的统计资料进行预测得到。$T$ 为目标年的人均 $SO_2$ 排放量，其值可以根据过去历年人均 $SO_2$ 排放量的统计资料进行预测得到或从环境保护目标中得到。这样，根据 $SO_2$ 排放总量控制目标与人均 $SO_2$ 排放量，就可以计算人口承载力。对比分析不同情景结果，提出合理的人口承载规模。

### 4.2.4 经济承载力

经济是基础，为社会发展、生态文明建设提供物质基础。在资源环境承载力评价中，计算经济承载力的目的是预测在给定的资源环境约束水平下所能达到的经济规模，其也是资源环境承载力评价的重要内容之一。由于 GDP 是最重要的经济发展指标之一，因此，通常用 GDP 规模作为经济承载力的计算预测对象，常用的方法包括从土地资源（单位 GDP 耗地率）、水资源（单位 GDP 耗水量）、环境负荷（单位 GDP 的 $SO_2$ 排放量）三个方面出发进行承载力计算。

(1)基于土地资源约束的经济承载力

单位 GDP 耗地率即单位 GDP 占用的建设用地数量，表征了节约集约利用土地的水平。基于单位 GDP 耗地率的经济承载力计算公式为：

$$G=\frac{L}{L_g} \tag{4}$$

上式中，$G$ 为基于耗地率的规划目标年经济规模。$L$ 为规划区域目标年的建设用地规模,其值可以从法定的土地利用总体规划中得到。$L_g$为单位 GDP 耗地率,其值可以从三个方面获得:一是利用历年的统计数据进行回归预测得到;二是直接根据土地集约节约利用考核目标来确定;三是参考全国或区域平均水平确定。

(2)基于水资源约束的经济承载力

水资源的数量大小直接约束了经济产业的发展。基于水资源约束的经济承载力计算公式如下:

$$G=\frac{W}{W_g}\times k \tag{5}$$

上式中,$G$为基于耗水量的规划目标年经济规模。$W$为规划区域目标年的水资源总量,其值可以从规划地区的《水资源公报》或水资源利用规划和控制目标中直接得到。$W_g$为单位 GDP 耗水量,其值也可以从三个方面获得:一是利用历年的统计数据进行回归预测得到;二是直接根据节水利用目标来确定;三是参考全国或区域平均水平确定。同样,考虑到水污染将导致承载力折减,此处也引入修正系数$k$,其值根据水质达标率进行确定,当水质达标率低于 60%时,$k$取 0.8;当水质达标率≥60%且<70%时,$k$取 0.9;当水质达标率为≥70%且<80%时,$k$取 0.95;当水质达标率≥80%时,$k$取 1。

(3)基于环境负荷的经济承载力

以单位 GDP 的 $SO_2$ 排放量来计算环境负荷约束下的经济承载力,计算公式如下:

$$G=\frac{S}{S_g} \tag{6}$$

上式中,$G$为基于环境负荷的规划目标年经济规模。$S$为规划区域目标年的 $SO_2$ 排放量控制目标,其可以在环境保护规划里得到,也可以根据过去历年 $SO_2$ 排放量的统计资料进行预测得到。$S_g$为单位 GDP 的 $SO_2$ 排放量,其值也可以从三个方面获得:一是利用历年的统计数据进行回归预测得到;二是直接根据环境保护目标来确定;三是参考全国或区域平均水平确定。

### 4.2.5 建设用地规模

在得到人口承载力和经济承载力后,就可以计算在资源环境承载力约束下的规划区域最大建设用地规模,由此为未来国土空间开发确定一个建设用地占用上限。由于人口是经济社会发展、生态环境保护的最核心因素,因此应主要根据资源环境承载的人口规模计算最大建设用地,公式为:

$$C_p=P\times c_p \tag{7}$$

上式中，$C_p$为规划目标年的最大建设用地规模，$P$为资源环境承载的人口规模。$c_p$为人均建设用地规模，其值可以根据土地集约节约利用考核目标来确定或参考全国、区域平均水平确定。

### 4.2.6　空间承载力

资源环境承载力是国土空间在一定资源禀赋和环境容量的基础上对人口、经济和社会开发建设活动的综合承载能力。然而上述人口、经济、建设用地规模仅从总体上给出了规划区域的资源环境承载力情况，尚未落实到空间上，还不能反映资源环境承载力在空间上的格局特点即资源环境承载力在空间上的相似性和差异性，缺乏资源环境承载力评价结果在空间上的直观体现。由于规划基本都是基于行政区进行空间布局、设施配套、资源投入的，因此有必要进一步分析资源环境承载力的空间差异情况，以便为后续规划提供依据。例如，资源环境承载力高的行政区，可以提高开发强度指标，可以承载更大规模的城镇化工业化发展，反之则应降低开发强度，以发展农业和生态保护为主。

资源环境承载力的空间分析可以采取综合指标法进行计算。首先，构建资源环境承载力评价指标体系如人均耕地面积、人均水资源量、人均林地面积等指标，并收集各个行政区的相关数据。在指标体系构建时，要遵循代表性、主导性以及数据可获得性等基本原则，要能基本涵盖资源环境系统的各个方面，以期尽可能系统综合地进行各各个行政区的资源环境承载力评价。其次，利用一定的方法计算各个指标的权重，权重计算可以采用多种方法，例如常用的排序法、层次分析法等。同时，对指标数据进行标准化处理，以消除量纲差异，使数据具有可度量与可比性。第三，利用一定的模型方法如常用的线性加权和法对指标数据进行综合集成处理，由此得到每个行政区的资源环境承载力综合评价指数，进而根据指数大小进行排序并划分不同等级的资源环境承载力等级分区。例如，可以根据综合指数的大小将各个行政区划分为低承载力空间、中承载力空间和高承载力空间，进而利用 GIS 进行可视化表达得到承载力的空间分布图，由此直观清晰地表达规划区域的资源环境承载力空间格局特点，这就可以为国土空间规划的空间发展战略制定、空间管控指标体系构建等提供重要依据。

## 4.3　国土空间开发适宜性评价

### 4.3.1　方法概述

国土空间是一个复杂的“人—地”系统复合体，是人和自然的有机统一，是城市生态环境、经济和社会三大子系统的有机耦合。其中,生态环境子系统是基础,经济子系统是命脉,社会子系统是主导,三个子系统相互制约、相互影响和相互促进,构成了国土空间"人—地"复合体的矛盾运动。进一步,这一矛盾运动可以总结为:为发展经济和改善民生,就必然需要非农产业和项目的支撑,而这些产业和项目的实施将不可避免地导致"人"进"地"退,包括农用地的减少和建设用地的增加、新区的开发建设、老城区的更新改造、居住区和公共设施的兴建、基础设施的完善、乡村的城市化等,这些空间格局的演化和过程是国土空间"人—地"系统中"人"进的必然结果。"人"进导致土地利用结构的变化,这突出表现在农田、林地、水体等农业与生态用地的大量减少和建设用地的大幅增加,这必然增加了国土空间"人—地"系统中"地"层面所受的压力,进而有可能导致国土空间环境在质和量上发生变化。

本质上看,国土空间中人与地的关系也就是哲学上人与自然的关系。根据辩证自然观,人与地的关系同样是作用与反作用的关系,国土空间"人—地"复合系统的矛盾运动就表现为一种"博弈"现象:"人"进带动经济增长、人口集聚和环境变化,反之"地"退的发展变化也必然影响和制约着"人"进的格局和过程,即反作用于经济社会发展。当"人"进达到一定程度而超过"地"退的极限时,各种生态环境问题将可能大规模爆发,如城市环境恶化、资源枯竭等。

基于上述分析可知,国土空间"人—地"复合系统是一个复杂的系统工程,是生态环境、经济、社会的有机统一,其深刻揭示了"生态—经济—社会"复杂系统的运行机制。另一方面,国土空间是"人—地"复合系统的本底和承载地,而"人—地"的矛盾运动及其结果也主要反映在国土空间的格局、结构、规模的变化上来。因此,基于"人—地"复合系统理论,国土空间开发适宜性评价必然要从"人"和"地"两个方面来进行,只有这样才能完整、系统、综合地对国土空间开发适宜性进行科学评价。

### 4.3.2 评价模型

人们认识和研究客观世界一般有三种方法:逻辑推理法、实验法和模型法,其中模型法是人们了解和探索客观世界最有效、最方便的方法。现代意义上的模型是以某种形式如数学表达式、工作流程等对一个系统本质属性的描述,是对现实世界中的实体或现象的抽象和简化,是对实体或现象中最重要的构成及其相互关系的表述,以揭示系统的功能、行为及其变化规律。

模型在客观世界和科学理论之间架起一座桥梁,模型来源于实际又高于实际,比客观世界更为简单和抽象。模型是人们认识问题的飞跃和深化,是认识客观世界的重要手段。模型作为客观世界的一种模拟可以是物质实体,也可以是逻辑符号或数学关系式,可以是定性的也可以是定量的。根据模型的表示方式可以将模型划分成三种类型，即概念模型、物理模型和数学模型。其中，概念模型是指利用科学的归纳方法和系统的分析方法，以对研究对象的观察、抽象形成的概念为基础，建立起来的关于概念之间的关系和影响方式的模型。概念模型是建模的起点，从其出发通过更深入的分析建立物理或数学模型。物理模型又称为实体模型，是现实世界在尺寸上缩小或放大后构成的相似体。用数学符号关系式(变量、等式或不等式)来描述对象系统各组成成分、系统变量之间相互关系、相互作用的运动过程的数学表达式称为数学模型，简言之就是运用适当的数学工具而得到的一个数学结构。数学模型和其他各类模型相比，最大的优点是其具有精确严密性、可模拟和可运算性，可以编程为计算机程序而组成可操作、可应用的模型库，进而集成为一个具体的应用系统。

国土空间开发适宜性评价就是对空间开发建设的适宜性进行评价，从建设的角度看也就是建设用地的适宜性评价。从评价内容上看，其针对客观的国土空间地理要素，通过分析自然、经济和社会各因素之间所包含的关系，建立可解释、可应用的评价模型，从而为揭示国土空间在结构与功能上的相似性与差异性提供强有力的支持。其既是一个复杂的系统工程，又是一项科学、合理利用有限的土地资源的基础性工作。从方法论的角度看，其对于国土空间规划和管理具有重要的作用。因此，有必要构建国土空间开发适宜性评价的模型及其相应的方法。同时，在当前计算机信息技术特别是GIS空间分析技术飞速发展的推动下，构建国土空间开发适宜性评价模型具有坚实的技术支撑条件。

根据前述"人—地"复合系统理论，国土空间开发适宜性评价需要从"人"和"地"两个方面进行，其中，"人"的方面主要包括经济社会子系统及其评价因子，"地"的方面主要包括生态子系统及其评价因子。自然生态因子包括地形、水域、植被等，其可为空间发展提供本底物质空间。经济社会因子包括了一系列通过使用自然因子而获得的人类福利，其表现为各种不同的非空间指标如GDP、人口密度、交通条件和建成区规模等。由此可知，国土空间中每一个评价单元的适宜性等级决定于其自然生态因子和经济社会因子的多元耦合。这样，最后的国土空间开发适宜性等级可以看作是自然生态适宜性等级和经济社会适宜性等级的和，即有：

$$S = S_n + S_{es} \tag{8}$$

式中，$S$ 是国土空间开发适宜性等级，$S_n$ 是生态适宜性等级，$S_{es}$ 是经济社会适宜性等级。公式中包括了自然生态因子和经济社会因子，将能获得更全面和更精确的国土空间开发适宜性评价结果。

经济社会适宜性等级 $S_{es}$ 可利用线性加权和法进行计算，而生态适宜性等级 $S_n$ 可以看作是生态敏感性等级的反方向结果，即空间单元的生态敏感性越高，则其开发的适宜性就越低，因此，可以利用生态敏感性评价结果而得到自然生态的适宜性

等级值,公式如下:

$$S_n = K - S_{mg} \tag{9}$$

式中,$S_n$是自然生态适宜性等级,$K$是所选用的常数,其值要根据研究所需进行灵活选择,$S_{mg}$是生态敏感性值。这样,最终的国土空间开发适宜性评价的总体模型为:

$$S = (K - S_{mg}) + S_{es} \tag{10}$$

上述模型综合考虑了生态、经济、社会三个子系统对国土空间开发的综合适宜性,全面反映了"人—地"复合系统对空间开发的等级、水平和状态,由此将能得到更为科学、系统、综合的评价结果。

本质上看,生态敏感性评价和经济社会适宜性评价是同一个问题的两个不同视角,即都是评价国土空间是否适合开发建设。生态敏感性评价主要是从生态保护的视角出发,主要目的是保护生态要素,因此其考虑的评价因子全部是生态环境要素,如地形、水体等,其没有考虑经济社会因子,如道路交通、建成区规模等。经济社会适宜性评价则主要从开发利用的视角出发为开发选择合适的建设空间。因此,国土空间开发适宜性可以归纳为两个部分,一是自然生态环境(本体)是否对空间开发具有敏感性,二是国土空间本身(客体)是否有能力进行开发建设。这样,国土空间开发适宜性评价最终落实到生态敏感性评价和经济社会适宜性评价两个基点上,其具体的评价技术方法如下。

### 4.3.3 评价方法

生态敏感性评价的理论基础是景观生态学,前提是生态的适宜性与合理性,其形成最早可以追溯到美国著名景观设计师麦克哈格的"千层饼"法,后经不断发展而成为目前应用最为成熟和广泛的生态评价技术和方法。生态敏感性是评价生态系统健康活力和进行生态功能区划的重要指标。进行生态敏感性评价、研究生态敏感性的区域内部差异,制定生态环境保护规划是解决生态环境问题、维持生态安全、保护生态系统行之有效的方法,更能为区域生态环境和社会经济建设提供科学参考。而基于生态敏感性分析的土地生态适宜性评价是把生态规划的思想运用到土地适宜性评价中,从生态保护和土地可持续利用的角度对不同土地利用方式的适宜度进行定量分析,从而为国土空间开发提供科学依据。

具体看,生态敏感性是指生态系统对人类活动干扰和自然环境变化的反映程度,表征发生区域生态环境问题的难易程度和概率大小。在自然状态下,各种生态过程维持着一种相对稳定的耦合关系,保证着生态系统的相对稳定,而当外界干扰超过一定限度时,这种耦合关系将被打破,某些生态过程会趁机膨胀,从而可能会导致严重的生态问题。事实上，生态敏感性就是生态系统对由于内在和外在因素综合作用引起的环境变化响应的强弱程度，敏感性高的区域，生态系统容易受损，应该是生态环境保护、培育和修复的重点，也是人为活动受限或禁止的地区。

在具体评价时，可以采用基于GIS技术的生态敏感性评价技术和方法来精准识别要评价的国土空间中各类、各级生态要素和因子，进而根据不同的敏感性等级来确定不同的保护等级，并把那些具有最高等级的生态要素及其空间范围作为开发建设不可逾越的生态空间而保护起来，同时把那些具有较低敏感性等级的生态要素及其空间范围作为开发建设的适宜地区，而具有中敏感性等级的生态要素及其空间范围则作为开发建设的缓冲区或备用地。

GIS作为对空间数据进行采集、管理、操作、分析、模拟和显示的计算机应用系统，已经广泛应用于环境评价、生态保护、城市规划等领域，GIS技术与各种数学模型的结合是生态敏感性评价的一个最主要的发展方向。一般来说，基于GIS的生态敏感性评价方法如下：

(1)构建敏感性评价的指标因子体系并收集相关数据。指标主要包括地形、地貌、水体、植被、保护区等区域生态要素和生态实体，收集的数据主要包括：行政区划数据，遥感影像数据，数字高程模型数据，土地利用现状和规划数据，地质灾害风险数据等，进而在GIS平台上建立空间数据库，由此为下一步的生态敏感性分析做好数据支撑。

(2)每个因子对应GIS中的一个空间数据图层，对其进行因子内部的敏感性等级赋值。评价值一般分5级，可以用9、7、5、3、1代表用地敏感性的高低，如极高敏感、高度敏感、中度敏感、轻度敏感和不敏感等。对于划分等级较多的因子，可采用8、6、4、2作为中值。当然，也可以根据需要采取其他的敏感性等级赋值方法。

(3)确定每个因子的权重，可采用主观赋权或客观赋权法。

(4)在GIS平台上对因子进行空间综合，得到敏感性评价结果。

(5)根据评价结果，划分敏感性等级分区。

根据上述步骤，从定量化的角度看，生态敏感性评价是一组变量按照一定规则组合后形成的新的评价等级，其基本表达形式可用下式表示：

$$S = f_{(x_1, x_2, x_3, \cdots\cdots, x_i)} \tag{11}$$

式中，$x_i(i=1,2,3,\cdots,n)$是用于评价综合生态敏感性的一组生态因子。目前常用的基本模型是权重修正法：

$$S = \sum_{i=1}^{n} W_i X_i \tag{12}$$

式中，$S$为综合生态敏感性指数；$X_i$为生态因子值；$W_i$为生态因子权重。生态敏感性通常是生态系统受到多因子如海拔、坡度、植被、土壤、地质等共同作用而呈现出的抗干扰能力，其中任何因子受影响的程度一旦超过阈值，整体生态系统将受到严重破坏。因此，为了突出生态环境问题的敏感性，在对多个生态环境问题进行综合评价时，权重计算也可采取极大值法，即取各因子敏感性评价结果中的最大值进行综合评价，由此体现了生态学中的“最小限制定律”，这将确保生态要素能得到最大限度的保护。

总体上看，经济社会适宜性评价和生态敏感性评价具有基本相同的技术路线，即都是采用构建指标体系、指标赋值和标准化、指标综合得到评价结果。具体而言，经济社会适宜性评价仍可以采用基于线性加权求和即公式(12)的形式。需指出的是，权重计算是经济社会适宜性评价的一个焦点和难点，目前常用的是层次分析法。但是，当指标因子较多时，层次分析法的判断矩阵计算将具有很大的困难，因此，在具体评价时通常根据不同情况采取多样化的权重计算方法。

需要特别指出的是，评价指标对评价结果具有重要的影响。以生态敏感性评价为例，不同区域的影响因子亦不完全相同。同时，指标体系的选择对生态敏感性分析结果的影响也较大，进而对最终结果产生重要影响。因此，在国土空间开发适宜性评价中，选择指标体系必须遵循一些基本原则和方法，具体包括科学性、区域性、系统性、完备性与可量性、规范性、可操作和可比性等基本原则。

科学性原则要求指标体系应从区域社会经济活动提供发展的物质基础条件以及对区域社会经济活动起限制作用的自然生态环境条件两个方面来进行选择和构建，且各指标应有明确的界定。

区域性原则要求评价具有明显的区域性特征，指标体系构建一定要与规划区域的基本生态环境特点和经济社会发展特点相适应。例如，某个城市最大的生态特征是水系发达和低山岗地特征，因此必须重点考虑能明显代表湖泊流域和低山岗地特征的评价指标。

系统性原则要求评价指标应全面真实反映规划区域的环境、资源、生态、经济、社会等各个侧面的基本特征，每一侧面由一组指标构成，评价指标体系是一个多属性、多层次的体系。因此，构建评价指标体系要遵循系统相关性、系统层次性、系统整体性和系统综合性等原则。

完备性与可量性原则要求指标选取尽量要能全面反映国土空间“人—地”复合系统的内涵，必须考虑水体、用地类型、地质条件、地形条件等最基本的生态要素以及经济社会要素；同时，所选择的指标还要尽可能是可度量的，并且可以获取科学、确凿的判别依据。

规范性原则指的是，由于国土空间开发适宜性评价是一项长时序评价工作，所获取的数据和资料无论是在时间上还是在空间上都应规范化。因而，所采用的指标的内容和方法都必须做到统一和规范，对各项指标要进行规范化处理以便于计算，并要对最终结果进行灵敏度分析和校核，由此确保评价结果的客观准确。

可操作性是指选用的指标要有可靠的来源，应尽可能建立在现有统计体系的基础上，并确保数据的可获得性，建立的指标体系力求简明清晰，并易于操作理解，具有代表性和典型性。可比性要求有两个含义：一是在不同的城市单元之间进行比较时，除了指标的口径、范围必须一致外，一般用均量指标或相对指标等进行比较，以体现公平性；二是在进行具体评价时，由于指标之间的单位量纲相差较大，不同类型的数据之间具有不可公度性，为了防止大数“吞噬”小数的现象发生，必须进行指标的标准化、归一化等方面的处理，使数据在无量纲的条件下可比。

总之，国土空间开发适宜性是生态敏感性和经济社会适宜性的综合集成，其全面反映了国土空间进行开发建设的适应性等级情况。按照上述评价模型和计算方法，将得到国土空间开发适宜性评价的最后结果。同时，根据评价结果，可以把国土空间划分为不同的适宜性等级分区，如最不适宜区、较不适宜区、较适宜区和最适宜区，由此为下一步的国土空间规划布局奠定坚实的基础。

综上所述，在“人—地”复合系统理论的框架下，构建了基于“生态—经济—社会”三位一体的国土空间开发适宜性的综合评价模型及其技术方法。通过评价，可以为国土空间开发和管控提供科学的决策依据，进而使国土空间开发和管控做到“有理、有利、有节”。“有理”即国土空间开发的方向选择要有道理，要能够令人信服；“有利”即空间开发将能带来更好的预期效益，做到经济、社会和生态效益的综合最优；“有节”即评价结果将能为国土空间开发提供一个红线，即哪些地区可以开发、哪些地区不可以开发，从而为生态保护和国土空间开发的有机统一奠定基础。

## 4.4 三类空间划分方法

城市总体规划中有已建区、适建区、限建区和禁建区的空间管控分区模式，土地利用总体规划中有允许建设区、有条件建设区、限制建设区和禁止建设区的空间管控分区模式。而国土空间规划中则采用城镇空间、农业空间和生态空间的空间管控分区模式。尽管名称不同，但城镇空间、农业空间和生态空间三类空间管控分区并不是完全抛弃城市总体规划和土地利用总体规划中的空间管控分区模式，在某些方面仍具有内涵上的一致性。具体而言，城镇空间能够对应于城市总体规划中的已建区和适建区以及土地利用总体规划中的允许建设区和有条件建设区，这是进行城镇化和工业化发展的主要承载地。农业空间能够对应城市总体规划中的限建区，但是农业空间的部分用地如一般农田、林地等可以在规划许可审批后用于建设开发,因此其对应于土地利用总体规划中的有条件建设区和限制建设区。而生态空间则可以对应城市总体规划中的禁建区和土地利用总体规划中的禁建区。这样,三类空间管控分区与城市总体规划和土地利用总体规划中的空间管控分区的关系如图 4-2 所示。

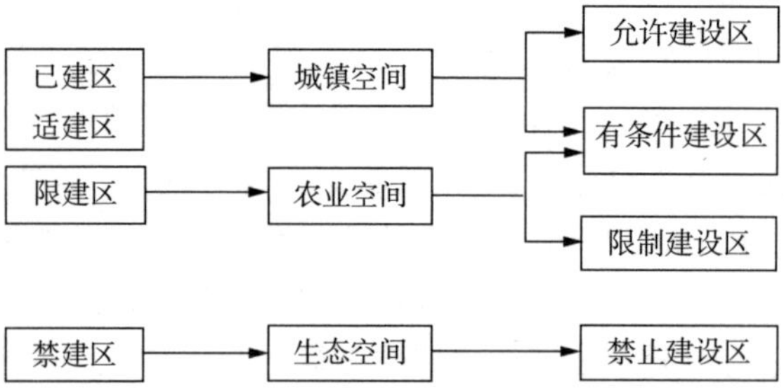


图 4-2 三类管控空间模式分析图

在具体划定三类空间时,要紧密结合国土空间开发适宜性的评价结果。首先,可以把最不适宜开发的区域划为生态空间,以此作为城镇化和工业化进程中不可逾越的生态红线地区。该类地区是城市实现可持续发展的生态基础,是一些关键自然资本集聚区,主要应作为生态保育、修复和涵养地区,是维护城市生态环境基底的"源"和"汇",严禁进行城镇化工业化开发建设。

其次,农业空间可以在较不适宜开发的区域中划分,以作为农业生产和农村生活空间,一般情况下不得用于开发建设。当特殊情况下进行开发利用时,必须进行严格的建设许可和审批,并在建设项目的类型和性质上指定严格的准入条件和政策,由此最大限度上保护生态环境。

最后,城镇空间应是较适宜和最适宜开发的区域,该类区域是城市行政区范围内较为适合城镇化发展和人类活动的地区,这也意味着该地区能够适宜进行较高强度的空间开发和建设,可作为未来城镇化和工业化发展的主要承载地。三类空间管控分区详见表 4-2 所列。

**表 4-2 三类空间管控分区表**

| 三类空间管控分区及其构成 | | 国土空间开发适宜性评价 |
|---|---|---|
| 城镇空间 | 城镇建成区、工矿区、生态敏感性低的区域 | 适宜开发区 |
| 农业空间 | 基本农田、非基本农田、村庄 | 较不适宜开发区 |
| 生态空间 | 山体、水体、风景区、地质灾害区、采煤塌陷区、自然与文化遗产保护区等 | 最不适宜开发区 |

特别是对于线状的区域交通廊道如公路、铁路用地,其可以穿越城镇、农村、森

林等国土空间，难以将其归类于某一个空间类型中，因此在规划表达时，应将其叠加在三类空间图上以突出显示。其次，对于村庄用地也应注意区分，在国土空间开发适宜性评价中，村庄一般被评价为较适宜地区，但其不能划为城镇空间，要划入农业空间中。

## 4.5 空间控制线划定方法

在三大基本空间控制线中，永久基本农田控制线已由原国土部门划定，生态保护红线也由原环境保护部门单独划定，在没有大的调整前，国土空间规划可以直接应用其划定结果。因此，目前的焦点在于城镇开发边界控制线的划定。

城镇开发边界分为刚性开发边界和弹性开发边界。刚性开发边界是城镇开发边界的最大值，也就是未来城市开发建设规模的最大值。刚性开发边界内的区域构成了城市空间开发建设的“底”，它定义了未来城市的空间形态和总体结构，是城镇开发边界划定工作中首先要划定的一道刚性控制线。

刚性开发边界是针对禁建区而言的，此边界外由于存在多种生态限建要素，生态敏感性高，因此是城镇开发建设的生态安全底线，也是城市开发建设的最大空间容量，任何情况下城市空间扩展均不能超越此范围。刚性开发边界以外主要是限建区和禁建区，应实施严格的生态保护措施，原则上禁止一切城市建设行为。在规划和实践上可根据生态功能的差异性，因地制宜地设立自然保护区、水源保护区、森林公园、郊野公园、生态隔离带等进行保护与控制，由此保证这些非建设用地的可持续利用。

在具体的空间范围上，根据国土空间开发适宜性评价结果，集中连片的适宜开发区构成了刚性开发边界线，由此得到的刚性开发边界线将是一个闭合的多边形面状区域。需要指出的是，根据目前城镇开发边界的研究和实践总结，开发边界内仍然可以有一些不能建设的“天窗”区域。这些“天窗”区域可以是空间管控分区中的不适宜区，其中，最不适宜区仍然是不能建设的区域，将作为生态控制地区而得到严格保护；而较不适宜区则根据具体情况具体分析，具体如下：

(1)当不适宜区是基本农田斑块时，应结合土地利用总体规划进行协调，可以进行土地利用置换，把这部分基本农田转换为建设用地，同时，在刚性边界之外予以等量补充。

(2)当不适宜区是其他用地类型时，如河流水库的缓冲区、坡度较大地区等，这些区域生态敏感性一般也较高，此时应控制开发类型和强度，宜进行低强度的开发建设，如可以建设滨水绿地、公共游园等。

规划是一个动态的调控过程,其要根据外部环境和内部要素的变化而适时进行调整,从而保证规划的动态性和灵活性的统一、刚性控制和弹性调控的统一。因此,在划定城镇开发刚性边界的基础上,要根据相关上位规划的要求,为满足城市不同发展阶段的人口规模和用地规模而划定阶段性的城镇开发弹性边界。通常,根据规划期限的不同,城镇弹性开发边界可以包括近期和远期的弹性边界。

弹性边界和刚性边界的主导要素、作用和影响不尽相同。弹性边界是指可进行城市开发建设与不可进行城市开发建设的界线,是城市未来一段时期内可以进行开发建设的区域。划定弹性边界的主导要素是城市建设用地的扩张,其作用是引导城市合理发展,弹性边界对城市未来的空间形态有着重要的影响作用。而刚性边界则是控制城市蔓延的一个永恒边界,是城市发展永远不可以逾越的刚性边界,即刚性城市开发边界。划定刚性边界的主导要素是城市周边生态环境的限制,其主要起到保护生态本底的作用,刚性边界对城市生态安全格局的构建有较大影响。

具体而言,要遵循"生态优先,绿色发展"的总体思路,按照"先本底、后划线"的技术路径完成城镇开发边界划定工作。"先本底"即通过开展国土空间开发适宜性分析和评价,并结合各部门提出的需严格保护的地域范围,划定城市开发建设不可逾越的刚性边界,由此为"把城市放在大自然中、把绿水青山保留给城市居民"奠定空间基础。"后划线"即在分析城市未来发展战略、方向、规模、布局的基础上,在城市开发刚性边界内进一步划定不同时期的城市弹性开发边界。最后,针对划定成果,提出相关规划管控措施和建议。

## 4.6 基于 GIS 的规划数据处理方法

在国土空间规划编制过程中,GIS 将发挥不可或缺的关键作用。传统的城乡规划主要应用 CAD 软件,而国土空间规划所具有的全域覆盖特点将使得规划数据量大大增加,同时,在数据的收集、处理、建库等方面的要求也极高,此时单纯应用 CAD 软件系统将不能解决这些问题。因此,作为现代空间信息技术的集成应用系统,GIS 将成为国土空间规划编制的主流软件系统。基于此,本节对 GIS 的基本概况进行梳理,并介绍了一些基础性的应用模块,以为全面应用 GIS 提供参考。

### 4.6.1 GIS 概述

GIS 即地理信息系统(Geographic Information System)。20 世纪 60 年代,世界上第一个地理信息系统在加拿大建立。经过 40 多年的发展,GIS 已经被广泛应用到各个专业领域。GIS的定义是随着其技术的不断进步及应用领域的不断拓宽而不断完善的。目前被最为广泛接受的定义为:GIS是一个收集、储存、分析和传播地球上关于某一地区信息的系统,该系统包括相关的硬件、软件、数据、人员、组织及相应的机构安排。其中“收集、储存、分析和传播”是一个完整的GIS所必须具备的四大功能,即“输入、存贮、操作和分析、表达输出”。GIS为人们收集、存储、处理各种与地理空间分布有关的数据提供了技术支撑条件,从而帮助使用者做出正确预测及制定相关对策。近年来,伴随着GIS的广泛应用,其已经成为建立数字空间规划的技术平台,是现代空间规划领域中极为重要的决策支持手段。GIS以其强大的空间和属性数据管理功能、地理空间分析功能可以为空间规划管理、编制及各种决策分析提供有力的技术支持,因此GIS在空间规划领域得到了日趋广泛和深入的应用。

GIS可以为现代空间规划决策提供一个有别于计算机辅助设计(computer aided design,CAD)的全新技术平台。灵活运用GIS技术可以使各种空间规划决策建立在科学、理性分析的基础上,从而实现科学决策在空间规划编制中的运用。事实上,由计算机技术与空间数据相结合产生的GIS这一高新技术包含了处理空间地理信息的各种高级功能,它所具有的空间数据管理、地理信息可视化等功能使其成为应用于空间规划领域的强有力的支撑工具。尤其是近些年,GIS更以其强大的地理信息空间分析、空间建模与空间决策支持功能,在空间规划中发挥着越来越重要的作用。GIS的应用可以渗透到空间规划的各个方面,包括从编制到管理,从前期资料收集整理到成果出图,从小范围的详细规划到更大的区域规划,从综合性的总体规划到专业性的专项规划,从项目选址到可持续发展战略制定等方面。而且随着GIS在空间规划领域应用得日益广泛和深入,应用的角度正呈现出多样化的特点,可以说,GIS为现代空间规划决策提供了一种崭新的思路和先进的技术方法。

从理论上来说,GIS技术可以应用到空间规划的各个方面。在国外,GIS技术和空间规划相互结合的研究较为成熟和系统,其已经成为空间规划中重要的信息管理和分析工具。经过多年的实践,GIS在空间规划决策中的优势在于它将一种科学成分输入规划的描述、预测和建议中。借助GIS可以预测城市人口和经济增长,找出城市与区域空间布局中的环境敏感区域。而将空间优化模型与GIS结合则可以提出一些经过优化的城市与区域规划方案,能够帮助决策者对不同规划方案进行评价。在我国的各种空间规划中,GIS与规划实践相互结合成为一个强大、灵活的决策支持系统已经取得各种空间规划管理和编制部门的共识。

GIS应用于空间规划的目的是提供决策支持,其中,GIS空间分析是一种提供可靠决策信息的有效手段。在空间规划决策中,主要利用了GIS强大的空间分析功能,通过空间分析,可以揭示出许多隐含的空间关系和规律,如城市土地空间演变、城市与区域空间结构以及空间演变、人口与土地利用之间的关系、自然条件与城市结构的关系,以及城市持续发展过程中物质、能量和信息流动的空间规律等。而这一点正是传统的CAD技术所欠缺的。如果说CAD技术是空间规划决策支持中的第一次技术革命,那么GIS技术用于空间规划决策支持则是第二次技术革命。空间规划因为CAD技术的使用而甩掉了绘图板,进入了数字绘图时代,大幅度地提高了规划编制效率,规划成果表达也更加精美完善。CAD帮助规划师从繁重的体力劳动中解脱出来,可以有更多的时间来思考规划方案本身。GIS则使空间规划在CAD的基础上又向前迈进了一大步,克服了CAD不具有空间分析功能的弱点,使空间规划走进了科学理性分析的时代,为规划方案的编制、评价和实施提供了一套完整的数学分析模型和技术方法,由此空间规划决策支持在技术上又实现了一次飞跃。

空间规划是一个对城市与区域空间、资源进行布局与配置的过程,在规划编制过程中,信息的获取和处理在很大程度上决定着规划决策成果的质量。将以GIS为核心的现代空间信息技术运用于空间规划编制,会改变传统规划编制中的空间信息获取和处理的方法,会大幅提高规划决策工作的质量和效率。总结GIS在城市与区域空间规划决策支持中的应用,可以归纳为规划数据管理、规划数据分析、规划模型建构等方面。在规划数据管理上,GIS可以处理多种格式(矢量、栅格)、多种形式(文字、图表、图形、图像)、多种来源(CAD、遥感、地图、扫描)的数据及其建库。在规划数据分析上,GIS拥有完善的基于矢量数据和栅格数据的空间分析方法,能够为空间规划决策建立一个科学、理性的分析平台,这是GIS对传统空间规划编制最大、最重要的贡献。而规划模型建构则是GIS应用于规划编制的高级阶段,其是为解决特定的或普遍的问题而建立的定量分析技术。例如前述的国土空间适宜性评价模型就可以与GIS无缝衔接,既提高了模型的运算速度和精度,又能及时进行可视化输出,由此达到"所想即所得"的状态,极大地提高了规划编制的科学性。

综上所述,可以认为GIS是现代空间规划领域中的又一个有效的技术工具,是进行空间规划科学决策的一种现代化的技术手段。GIS作为现代空间信息技术的代表,必然能够通过对规划中的复杂空间问题进行辅助决策而发挥强大的技术支持作用。特别是把GIS的空间分析功能应用于空间规划编制中,可以在GIS确定和提供的空间建模框架下对空间规划的不同目的构造各种各样的空间决策模型,可以为确定合理的空间发展规模和布局提供科学依据,这必然会大大提高空间规划决策的科学性、合理性、精确性和技术含量,从而使空间规划方案更加合理、可行。可以预见,GIS必将以其完善的空间分析能力为转型期的中国国土空间规划提供一个强大的技术平台和分析工具。

### 4.6.2 GIS 数据

国土空间规划的基础是各种规划数据，没有数据，GIS 空间分析也就无从谈起。尽管存在着各种各样的空间规划数据格式和形式，但从本质上看，GIS 空间分析的规划数据格式可以划分为两大类，即矢量数据和栅格数据。

(1)矢量数据

矢量数据结构适合描述地理实体的空间属性，是 GIS 中空间数据的一种常用表示方法，通过记录坐标的方式，尽可能地将地理实体的空间位置表现得准确无误。矢量数据是代表地图图形的各离散点平面坐标(X，Y)的有序集合，其数据结构是一种最常见的图形数据结构，主要用于表示地图图形元素几何数据之间及其与属性数据之间的相互关系。矢量数据通过记录坐标的方式尽可能精确无误地表现点、线、面的地理实体，其坐标空间假定为连续空间，不必像栅格数据结构那样进行量化处理，因此矢量数据更能精确地确定实体的空间位置。

GIS 的矢量数据主要包括点实体、线实体和面实体。

点实体包括由单独一对(X，Y)坐标定位的一切地理或制图实体。在矢量数据结构中，除点实体的(X，Y)坐标外还应存储其他一些与点实体有关的数据来描述点实体的类型、制图符号和显示要求等。点是空间上不可再分的地理实体，可以是具体的也可以是抽象的，如地物点、文本位置点或线段网络的节点等。

线实体可以定义为由直线元素组成的各种线性要素，直线元素由两对(X，Y)坐标定义。最简单的线实体只存储它的起止点坐标、属性、显示符等相关数据。例如，线实体输出时可能用实线或虚线描绘，这类信息属于符号信息，它表明线实体的输出方式。虽然线实体并不是以虚线形式存储，但仍可以虚线形式输出。弧和链是 n 个坐标对的集合，这些坐标可以描述任何连续而又复杂的曲线。组成曲线的线元素越短，(X，Y)坐标数量越多，就越能逼近于一条复杂的曲线。线实体主要用来表示线状地物(公路、水系、山脊线)、符号线和多边形边界，有时也称为“弧”“链”“串”等。

面实体多边形(有时称为区域)数据是描述地理空间信息的最重要的一类数据。在区域实体中，具有名称属性和分类属性的实体大多用多边形表示，如行政区、土地类型、植被分布等，而具有标量属性的有时也可用等值线描述(如地形、降雨量等)。面实体不但能表示位置和属性，更重要的是能表达区域的拓扑特征，如形状、邻域和层次结构等，它可以作为专题图的资料进行显示和操作。

(2)栅格数据

在人们日常面对的现实世界中存在着各种各样的事物，而在 GIS 中，人们关注的主要是具有空间分布特征的事物,因为它们描述了现实世界。通常把它们分为两类:一类是地理现象;另一类是地理实体。地理现象在空间上是连续分布的,如温度、土地利用、降水等。地理现象可以类比于物理学中的“场”这一概念,为了能够描述这些地理现象需要引入栅格数据格式。

栅格数据一般分为两类:专题数据和图像数据。专题栅格数据的值表示了某种测量值或某个特定现象的分类,如高程、污染浓度或人口密度。一个栅格数据集就如同一幅地图,它描述了某个区域的特征以及其在空间中的相对位置。由于单个栅格数据仅代表了单一专题,如土地利用、土壤、道路、河流或高程等,因此必须创建多个栅格数据才能够完整地描述一个区域。

栅格数据结构实际上就是像元阵列,栅格中的每个像元是栅格数据最基本的信息存储单元,其坐标位置可以用其行号和列号确定。由于栅格数据是按一定规则排列的,所以其表示的实体位置关系隐含在行、列号之中。网格中每个元素的代码代表了实体的属性或属性的编码,根据所表示实体的表象信息差异,各像元可用不同的灰度值来表示。实体可分为点实体、线实体和面实体。点实体在栅格数据中表示为一个像元,线实体则表示为在一定方向上连接成串的相邻像元集合,面实体由聚集在一起的相邻像元集合来表示。

用栅格数据表示的地表是不连续的,是量化和近似离散的数据,这意味着地表在一定面积内(像元地面分辨率范围内)地理数据的近似性,例如平均值、主成分值或按某种规则在像元内提取的值等。另一方面,栅格数据的比例尺就是栅格大小与地表相应单元大小之比。要注意的是,像元大小相对于所表示的面积较大时,就会对长度、面积等的度量有较大影响。这种影响除和对像元的取舍有关系外,还与计算长度、面积的方法有关。

(3)数据库

在国土空间规划中,面对各种规划数据,可以采用构建统一的数据库的方法来对这种多源、多类数据进行集成处理,以便于规划使用。具体而言,可以采用在主流 GIS 软件 ArcGIS 中构建统一的个人数据库(Personal Geodatabase,PGDB)来解决。PGDB 是一个强大的用户数据库模型,被广泛应用于地理数据处理中。其对空间要素的描述和表达较之前的空间数据模型更接近现实世界,由此为创建和操作不同用户的数据模型提供了一个统一的、强大的平台。

PGDB 实际上就是一个 Microsoft Access 数据库,其基本体系结构包括矢量数据集、栅格数据集、独立的对象类(储存非空间数据的表)等,几乎囊括了常用的各种规划空间数据和非空间数据。这些数据可以有机地统一在同一个数据库中,因此能更清晰、准确地反映现实空间对象的信息。更为直观地说,PGDB 是一个管理各种矢量数据文件和栅格数据文件的数据库,其中的矢量数据文件和栅格数据文件就是一个个单独的图层，这类似于规划部门常用的CAD图层管理的模式。在构建统一的空间数据库PGDB过程中，应注意以下几点：

首先，由于国土部门在长期的土地管理中具有丰富翔实的土地利用GIS数据，因此要以国土部门的GIS数据库作为底图。其次，必须要统一各个数据的坐标系，此点非常重要，否则后续分析很可能出错，当然在目前2000坐标系已经使用的情况下，坐标不统一的问题将会不复存在了。最后，对于原规划部门常用的CAD数据，建议首先转换为ArcGIS的SHP矢量数据，然后再导入PGDB中，以防止因数据格式不同而可能产生的错误。

### 4.6.3 GIS空间分析功能

空间分析(spatial analysis)源于20世纪60年代地理和区域科学的计量革命，是对分析空间数据相关技术的统称，是GIS的核心功能之一。空间分析的基础是地理空间数据库，其运用的分析手段包括各种几何的逻辑运算、数理统计分析、代数运算等，最终目的是解决人们遇到的地理空间实际问题，从而辅助、支持各种空间问题的决策。

GIS空间分析是以地理事物的空间位置和形态特征为基础，以空间运算、空间数据与属性数据的综合运算为特征，提取及产生新的空间信息的技术和过程。GIS集成了多学科的最新技术，如关系数据库管理、高效图形算法、插值法、网络分析技术等，这些技术为GIS空间分析提供了强大的支持工具。通常在空间规划领域中用到的GIS空间分析包括表面分析、空间查询分析、缓冲区分析和叠加分析。

(1)表面分析

GIS提供的表面分析功能比较丰富。通过表面分析可以生成新的数据集，进而通过这些新数据集可以更多地了解原始数据中所隐含的空间格局信息，如等值线、坡度、坡向、可视性、最短路径、山体阴影、土方等。通过GIS的表面分析功能，可以轻松获得感兴趣的各种规划数据。例如，通过现有的高程数据集或数字高程模型可以获得规划区域的坡度、坡向等表面分析结果。

(2)空间查询分析

空间查询是GIS的最基本、最常用的功能，也是GIS与其他数字制图软件相区别的主要特征之一。空间查询分析功能是评价GIS软件的主要指标之一。查询和定位空间对象，并对空间对象进行量算是GIS的基本功能之一，是GIS进行高层次分析的基础。图形与属性互查是最常用的查询方法，主要有两类：一是按属性信息的要求查询、定位空间位置，称为“属性查图形”；二是根据对象的空间位置查询相关属性信息，称为“图形查属性”。综合利用这两种基本方法，可以快速地从海量规划数据中搜索到符合要求的数据。

(3)缓冲区分析

所谓缓冲区就是地理空间目标的一种影响范围或服务范围。缓冲区主要有点缓冲区、线缓冲区、面缓冲区三种类型。缓冲区分析的概念和缓冲区查询的概念不完全相同。缓冲区查询是GIS的一种空间查询方式,是在不破坏原有空间目标的关系前提下,通过空间检索得到该缓冲区范围内涉及的其他空间要素目标,在这一点上与缓冲区分析有着本质的区别。缓冲区分析是对一组或一类地物按缓冲的距离条件建立缓冲区多边形图层,然后将这个图层与需要进行缓冲区分析的图层进行叠加分析而得到所需要的结果。在空间规划实际应用中,利用缓冲区分析的例子非常多。例如:为消防站建立半径为5km的服务区域,在城市道路交通规划中计算道路两侧需要拆迁的建筑物,城市规划管理中分析某一范围内的违章建筑物,以某个文物保护建筑为点要素做缓冲分析以获得一定范围内的建设控制区域等。在建立好所需要的缓冲区后就可以将其与其他数据图层叠加,由此可以进行下一步的空间统计、叠加等分析操作。

(4)叠加分析

叠加分析是GIS空间分析的精华,从某种意义上说,现代GIS技术的产生源于叠加分析的思想。叠加分析是GIS中最常用的提取空间隐含信息的手段之一,也是GIS中最为重要的空间分析功能之一。大部分GIS软件是以分层的方式组织地理数据,将地理数据按主题分层组织,同一地区的整个数据层集表达了该地区地理景观的内容。每个主题层可以叫做一个数据层面,数据层面既可以用矢量结构的点、线、面图层文件方式表达,也可以用栅格结构的图层文件方式进行表达。

空间叠加分析是指在统一的空间参考系统条件下,把同一地区的两幅或两幅以上的图层重叠在一起进行图形运算和属性运算(关系运算),以产生空间区域的多重属性特征,或建立地理对象之间的空间对应关系,即产生新的空间图形和属性的过程。叠加分析的目的就是寻找和确定同时具有几种地理属性的地理要素的分布,或者按照确定的地理指标对叠加后产生的具有不同属性级的多边形进行重新分类或分级。

叠加是一个技术处理过程,一般在数据指标合并或综合中使用。GIS叠加分析根据叠加对象图形特征的不同可以分为:点与多边形和线与多边形的叠加、多边形叠加、栅格图层叠加。点与多边形的叠加分析是确定一图层上的点落在了另一图层的哪个多边形内,以便为图层的每个点建立新的属性。线与多边形的叠加分析是确定一图层上的弧段落在另一个图层的哪个多边形内,以便为图层的每条弧段建立新的属性。多边形与多边形的叠加分析是指将两个不同图层的多边形要素相叠合,产生输出层的新的多边形要素,用于地理变量的多准则分析、区域多重属性的模拟分析、地理特征的动态变化分析以及图幅要素更新、区域信息提取等。基于栅格数据的叠加分析中参与分析的图层要素均为栅格数据，虽然栅格数据存储量比较大，但是其运算效率要远远高于矢量数据。

### 4.6.4 GIS空间分析流程

GIS空间分析的目的就是解决某类与地理空间有关的问题，通常涉及多种空间分析操作的组合，因此一个合理的空间分析流程设计将十分有利于问题的解决。空间分析的应用过程一般可以分为以下五个基本步骤，但在某个具体的问题分析中，下述分析步骤也可以作相应的调整和变化。

(1)确定问题，建立分析的目标和所要满足的条件；

(2)针对空间问题选择合适的空间分析模型；

(3)建立空间数据库；

(4)制订一个空间分析计划，然后执行分析操作；

(5)空间操作的实现，结果检查、反馈和优化。

确定问题要从实际应用出发，对问题进行解剖和分析，找出问题的实质和构成要素，然后根据问题的基本要素、问题所需要解决的空间精度以及数据获取的可行性而找出所需要的原始数据，并完成数据的收集和整理。空间模型的建立往往是根据问题的实际情况，利用相关专业知识，建立以GIS空间数据操作为主线的应用模型体系。空间操作的实现是在现有空间数据库的基础上，从数据库中提取关于问题的基本资料，运用空间分析模型，利用GIS的空间运算功能，寻找前面所定义问题的答案。

以上几个步骤是有机地结合在一起的。其中，确定问题(包括建立完善的数据库)部分是基础，模型选择部分是关键，这两个部分要与所解决问题的专业知识紧密结合，由此可保证正确地解决问题。空间操作部分应有效地利用GIS的空间数据分析和处理功能，这样可大大提高问题解决的速度和效率。

此外，各种空间分析功能的实现都是建立在大量的数据基础之上的，空间数据采集是空间分析的第一步，是进行空间分析过程中最基础性和最关键性的工作。GIS数据的规范性、完整性以及数据库的组织管理效率都将影响到GIS空间分析的效果和精度。

# 5 国土空间规划编制案例

本章将以两个具体案例来说明国土空间的基础评价和规划编制内容,其一是淮北市资源环境承载力评价和国土空间开发适宜性评价,重点介绍国土空间规划中的“双评价”方法和成果分析;另一个是肥东县的国土空间规划编制,全面介绍规划编制的内容和成果。通过这两个案例的分析展示,来具体应用前面章节中国土空间规划的理论和方法,以期为国土空间规划编制提供参考和借鉴。

## 5.1 案例背景

安徽省积极响应国家关于“多规合一”和国土空间规划的总体要求,大胆探索,率先开展了各项试点工作。2015 年 8 月出台文件《关于开展省级“多规合一”试点工作的通知》,在合肥、蚌埠、淮南、滁州、芜湖、铜陵、安庆等 7 个地级市开展省级“多规合一”试点工作。《安徽省生态文明体制改革实施方案》进一步全面明确了安徽省空间规划体系的建立要求。同时,《安徽省人民政府办公厅关于加强城乡规划管理意见任务分解的通知》提出要加快建立省域一市域一县域全覆盖的空间规划体系,并明确了责任单位为省住房和城乡建设厅、发改委、国土厅和环保厅。2017 年 8 月,安徽省出台了省级《市县空间规划编制标准》(DB34/T 5071—2017),具体明确了市县空间规划编制的基本要求、编制内容和重点、编制技术要求和成果表达形式,由此为全省市县进一步开展“多规合一”和空间规划提供了统一的标准和规范,必将为安徽省构建系统的“省域、市域、县域”空间规划体系提供科学的基础和依据,进而为国家空间规划体系构建和其他省市国土空间规划开展提供重要的参考和借鉴。

## 5.2 淮北市国土空间基础评价

### 5.2.1 淮北市基本概况

淮北市是安徽省地级市,位于安徽省北部,东经 116°24′~117°03′、北纬 33°16′

～34°10′。淮北市位于苏鲁豫皖四省的交界地区，处于淮海经济区的核心腹地，南接长三角，北连环渤海，具有承东启西、连接南北的区位优势。淮北市因煤建市，辖3个市辖区、1个县（杜集区、相山区、烈山区，濉溪县），拥有3个省级开发区，总面积2741平方千米，市辖区面积760平方千米，人口215.3万人。淮北市中心城区包括相山区全域，杜集区的高岳街道、矿山集街道和烈山区的杨庄街道、烈山镇、宋疃镇；濉溪县辖濉溪镇、刘桥镇、铁佛镇、百善镇、临涣镇、韩村镇、孙疃镇、五沟镇、南坪镇、双堆集镇、四铺镇等11个镇。具体的行政区划如图5－1所示。

图5－1 淮北市行政区划图

淮北市资源丰富，风景秀丽。因为南北过渡的季风气候和平川旷野的地貌特征，赋予淮北以丰富的自然资源。在地形地貌和土地资源上，淮北市地势由西北向东南倾斜，地貌以平原为主，平原面积占土地总面积的85%，海拔高度在22.5～37.0米之间。境内以寒武和奥陶系地层形成的山丘分两列由东北向西南延伸，山地一般高程约200米，最高峰是老龙脊，海拔为362米，次高峰是相山，海拔为342米。淮北市的再生土地资源优势独特，综合复垦治理后的采煤塌陷区土地已成为其独特的资源优势。多年来，淮北不断加强采煤塌陷地复垦工作，土地复垦率达到54%以上，位于全国前列。

在矿产资源上，淮北市境内已发现矿产50多种，查明储量的矿产有16种，分别为煤、铁、铜、金、银、钴、镍、耐火黏土(高岭土)、石膏、水泥用灰岩、建筑石料用灰岩、制灰用灰岩、水泥配料用黏土、砖瓦用黏土、地下水、天然矿泉水，已开发利用的矿产有煤、铁、铜、金、银、水泥用灰岩、耐火黏土、建筑石料用灰岩等。淮北的煤炭资源最为丰富，远景储量350亿吨，工业储量80亿吨，煤种齐全，煤质优良，分布广泛，矿床规模较大，是我国重要的煤炭和精煤生产基地。

在水资源上，淮北市地表水系较发达，区内河流属淮河洪泽湖水系，自北向南依次分布有闸河、龙岱河、萧濉新河、王引河、南沱河、浍河、澥河等自然和人工河流，水流自西北流向东南，注入洪泽湖，主干河道总长378千米，两岸配套大沟140多条。河道平均宽度50～60米，区内闸河、龙岱河、萧濉新河等均为季节性河流，一般偏旱、干旱年份及枯水季节常常干枯见底，偏丰、丰水年份汛期洪水泛滥，洪涝旱灾较为严重。

在森林资源上，从1990年代起，淮北市森林资源量逐年增长，森林覆盖率逐年提高，分布区域扩展到村庄片林、山区和煤矿塌陷区片林、河岸路旁大中型林带以及平原农区的经济果木林。淮北市地处北温带，适宜多种植物生长。全市树木种类丰富，乡土树种主要有杨、柳、椿、楝、桑、榆、楸、泡桐、刺槐、国槐、侧柏、构树、枫杨、合欢、棠梨、黄连木以及石榴、杏、李、柿、桃、枣、樱桃、核桃等，用材防护树种以杨、柳、椿、楝、泡桐、刺槐、侧柏为主，经济林树种以苹果、梨、葡萄、石榴、杏、李、柿、桃、枣为主。

在经济社会发展上，淮北市利用良好的产业基础、明显的区位优势、显著的特色优势，大力打造"国家重要能源基地、中部地区新材料产业基地、苏鲁豫皖交汇区域中心城市"的城市品牌，目前已经取得显著成效，这有利于淮北市在更高的起点上谋划推动创新发展、协调发展、绿色发展、开放发展和共享发展。特别是近年来，淮北市产业转型升级较快，城乡面貌变化显著，人民群众受益增多，科技、文化、教育、医疗、体育等社会公共设施和公共服务体系建设上也取得了显著进步，这为城市的和谐稳定发展和实现全面建成小康社会的战略目标奠定了坚实的经济社会基础。但是，淮北市也面临着诸多挑战。首先，淮北市经济总量仍偏小、总体实力还较弱。优势产业支撑不够，服务业等新兴业态发展不足，调结构、转方式、促升级的任务艰巨。经济发展新旧动力转换青黄不接现象凸显，人才、资金、土地等要素资源约束较大，基本公共服务水平有待进一步提高，城乡统筹发展任务繁重。其次，全社会的发展观念仍需提高，改革创新力度要加大加快，政府服务职能有待完善，创新解决发展问题的能力和水平有待增强。最后，市域空间管控和治理的体制机制尚未有效建立，全市国土空间"一盘棋"的战略框架仍需加快谋划。

通过对淮北市资源环境和经济社会发展现状的梳理和总结，可以发现淮北市资源环境现状具有显著特点，具体表现为一个丰富、一个不足和一个制约。一个丰富即煤炭资源特别丰富，作为国家重要的能源基地之一，在所有的自然资源中，淮北市煤炭资源储量特别丰富，"一煤独大"的特点明显。一个不足是土地后备资源不足。淮北市土地利用程度较高，土地利用率已达到 96.72%，可供开发的土地后备资源较少，除水域外的未利用地仅占土地总面积的 1.99%，未来既要保障耕地和基本农田，又要保障经济社会发展的用地需求，因此土地资源的压力较大。一个制约即水资源的约束较大，其已成为淮北可持续发展的最大制约因素。一方面，淮北市水资源相对缺乏，2017 年全市水资源总量仅为 7.98 亿立方米，是安徽省 16 个地级市中最少的；另一方面，随着淮北经济社会的快速发展，地表径流无法满足工农业的用水需求，因此只能开采地下水，而地下水的过量开采已经导致了地下水水位下降并形成漏斗区，由此产生了坍塌等地质灾害隐患。2017 年淮北市地下水漏斗中心年末水位埋深 29.43 米，比 2016 年同期水位下降 0.43 米，漏斗面积 290 平方千米，与 2016 年同期相比增加了 10 平方千米。

### 5.2.2　淮北市资源环境承载力评价

淮北市资源环境承载力评价的总体思路是：在资源环境现状分析的基础上，首先以安徽省县市为基本单元，通过横向比较来对淮北市的资源环境承载力进行总体研判；其次，借助多情景、多类型的人口承载力计算方法，计算淮北市资源环境承载的人口规模，进一步计算出最大建设用地量；第三，利用综合指标法计算淮北市各乡镇的资源环境承载力大小并排序，进而划分为高、中、低三类资源环境承载力分区；最后，根据资源环境承载力计算结果，提出改善和提升资源环境承载力的对策建议。

#### 5.2.2.1　总体研判

选取人均可利用土地资源、人均可利用水资源、环境容量、国土开发强度、人口集聚度、经济发展水平等 6 个指标，对安徽省市县区单元进行资源环境承载力评价。其中，土地、水反映了最基本的自然资源承载力情况，环境容量反映了所能容纳污染物的最大负荷量,国土开发强度代表了经济社会发展对国土空间和资源环境的压力,人口集聚度和经济发展水平则反映了经济社会环境的水平和状态。评价结果如下:

人均可利用土地资源:全省分为较丰富、中等、较缺乏和缺乏四个等级。淮北市市辖区为缺乏状态,土地资源较为紧张;下辖濉溪县则为中等状态,表明其土地资源拥有量尚可,有一定的承载力。

人均可利用水资源:全省分为丰富、较丰富、中等、较缺乏、缺乏五个等级。淮北市市辖区为缺乏状态,濉溪县则为较缺乏状态,由此表明整个淮北市的水资源较为紧张,承载力较不乐观。

环境容量:全省划分为超载、中度超载、轻度超载和无超载四个等级。淮北市市辖区处于超载等级,濉溪县则为中度超载,由此表明淮北市域环境容量较小,环境系统的承载力也较不乐观。

国土开发强度:全省划分为<5%、5%~10%、10%~15%、15%~20%、20%~25%、>25%六个等级。淮北市市辖区处于20%~25%等级上,国土开发强度较大;而濉溪县则处于10%~15%等级上,国土开发强度较低,未来开发的潜力较大。

人口集聚度:全省划分为高、较高、中等、较低和低五个等级。淮北市市辖区处于较高状态,人口密度较大;濉溪县则为较低状态,表明其人口规模及其密度较低,人口集聚发展的潜力较大。

经济发展水平:全省划分为高、较高、中等、较低和低五个等级。淮北市市辖区处于较高状态,经济承载力较大;濉溪县则为较低状态,表明其经济发展水平仍有较大提升空间,未来经济发展的空间较大。

综上分析,淮北市资源环境承载力呈现出两大特点:一是从总体上看,淮北市在水资源和环境容量上的制约较大,其中,水资源是影响淮北经济社会发展最为关键的一环,同时,淮北市环境容量呈超载态势,其也对经济社会发展构成了较强约束。二是市辖区与濉溪县呈现显著差异,市辖区国土开发强度较大,土地资源较紧张,而濉溪县则拥有相对更丰富的土地资源,未来人口和经济社会发展拥有相对更丰富的空间。

5.2.2.2 人口承载力

基于对淮北市资源环境的现状分析和总体研判,土地资源和水资源是影响淮北市承载力的两个关键因素。因此,选择基于粮食安全目标和基于水资源约束的人口承载力计算方法,具体计算过程和结果如下。

(1)淮北市域人口承载力

根据《淮北市土地利用总体规划(2006—2020年)》和淮北市相关资料,合理设置各个参数，利用公式(1)计算得到2020年淮北市基于粮食安全约束的人口规模约为438.31万人，2035年基于粮食安全约束的人口规模约为940.41万人。

在水资源约束的人口承载力上，淮北市水资源总量包括地表水、地下水和外来调水。其中，外来调水主要来自引江济淮工程，该工程供水范围为安徽省沿淮淮北地区以及河南部分地区，兼顾江淮分水岭地区用水需求。引江济淮工程在安徽省内供水面积约3万平方千米，涉及合肥、淮北、亳州、宿州、蚌埠、阜阳、淮南、滁州、六安、芜湖、安庆等11个市的29个县(市、区)。规划近期和远期年均调水入淮河的总量约为18.7亿和29.8亿立方米，远期引江每秒400立方米，入淮河每秒225立方米，其中，淮北市调水量为3.13亿立方米，这将能有效缓解淮北市的水资源压力。将相关数据代入公式(2)，经计算淮北市2020年基于水资源约束的人口规模约为241.30万人，2035年基于水资源约束的人口规模约为283.73万人。

根据木桶原理(短板效应)，区域综合承载力的大小最终取决于系统中起到瓶颈作用即具有最小值的限制因素，同时结合淮北市水资源短缺的客观现实，应选取两种方法得到的人口规模中的较小值作为最终的人口承载力，即淮北市2020年人口承载的最大规模为241.30万人，2035年人口承载的最大规模为283.73万人。

(2)淮北市辖区人口承载力

淮北市辖区包括杜集区、相山区和烈山区。根据《淮北市土地利用总体规划(2006—2020年)》和相关资料，利用公式(1)计算得到2020年和2035年基于粮食安全约束的淮北市辖区人口承载力约为164.69万人和191.09万人。利用公式(2)计算得到2020年和2035年基于水资源约束的淮北市辖区人口承载力约为172.90万人和197.60万人。

由于市辖区是淮北市域城镇空间的集中区，粮食对人口规模的约束较小，同时城镇供水也更有保障，因此可以取两种方法得到的人口规模中的较大值作为最终的人口承载力，即淮北市辖区2020年人口承载的最大规模为172.90万人，2035年人口承载的最大规模为197.60万人。

#### 5.2.2.3 建设用地规模

依据上述资源环境人口承载力计算结果，进而预测2020年和2035年淮北市所需的建设用地规模。同时，对照现行法定的土地利用总体规划确定的建设用地规模，分析建设用地的合理性，由此提出最终的最大建设用地规模。

(1)淮北市域最大建设用地规模

2020年和2035年淮北市域的人口承载力分别为241.30万人和283.73万人。根据《淮北市土地利用总体规划(2006—2020年)》和《淮北市城市总体规划(2016

—2035 年)》以及 2014—2016 年统计年鉴等资料，将相关数据带入公式(7)，经计算，得到 2020 年和 2035 年淮北市的最大建设用地量分别为 67564.00 公顷和 68095.20 公顷。

(2)淮北市辖区最大建设用地规模

2020 年和 2035 年淮北市辖区的人口承载力分别为 172.90 万人和 197.60 万人。根据《淮北市土地利用总体规划(2006—2020 年)》和《淮北市城市总体规划(2016—2035 年)》以及 2014—2016 年统计年鉴等资料，将相关数据代入公式(7)，经计算，得到 2020 年和 2035 年淮北市辖区的最大建设用地量分别为 31122.00 公顷和 33592.00 公顷。

#### 5.2.2.4 城镇资源环境承载力

计算城镇资源环境承载力是为了分析淮北市资源环境承载力的空间格局和特点。具体而言，应用综合指标法进行计算。首先构建综合评价指标体系。遵循代表性、主导性的基本原则，从资源丰富程度和环境容量两大方面构建指标体系并遴选具体评价指标，以期尽可能系统综合地进行城镇资源环境承载力评价。所构建的指标体系包括一级指标和二级指标，一级指标包括资源丰度和环境容量，二级指标为人均耕地面积、人均水资源量、人均建设用地面积以及人均林地面积、人口密度和城镇化率等六大指标，具体详见表 5-1 所列。

**表 5-1 淮北市城镇资源环境承载力评价指标体系**

| 目标层 | 一级指标 | 二级指标 |
|---|---|---|
| 资源环境承载力 | 资源丰度 | 人均耕地面积 |
| | | 人均水资源量 |
| | | 人均建设用地面积 |
| | 环境容量 | 人均林地面积 |
| | | 人口密度 |
| | | 城镇化率 |

在上述指标体系中，资源丰度反映了城镇的资源承载力，环境容量则反映了城镇的环境承载力。土地(耕地和建设用地)和水是城镇发展建设最基本、最必需的两大资源，因此其指标大小反映了各个城镇最基本、最核心的资源丰度情况。环境容量包括自然环境和经济社会环境两大方面，自然环境选择人均林地指标进行评价，经济社会环境选择人口密度和城镇化率进行评价。这样，将能从自然资源、自然环境和经济社会环境三大方面对淮北市各城镇的资源环境承载力进行客观、系统的综合评价。上述六大指标在各个城镇的分布情况如图 5-2 所示。

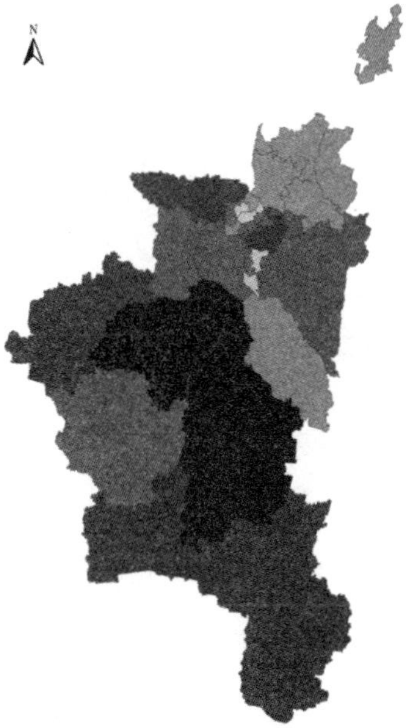


人均耕地面积

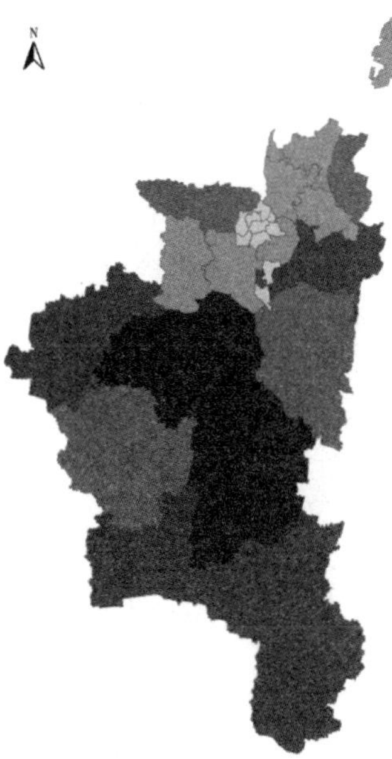


人均水资源量

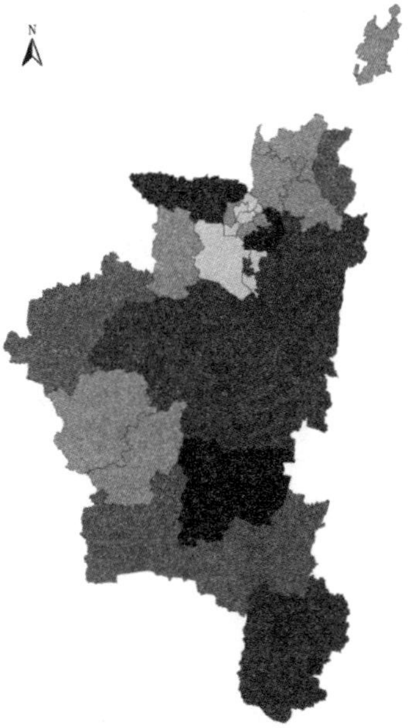


人均建设用地面积

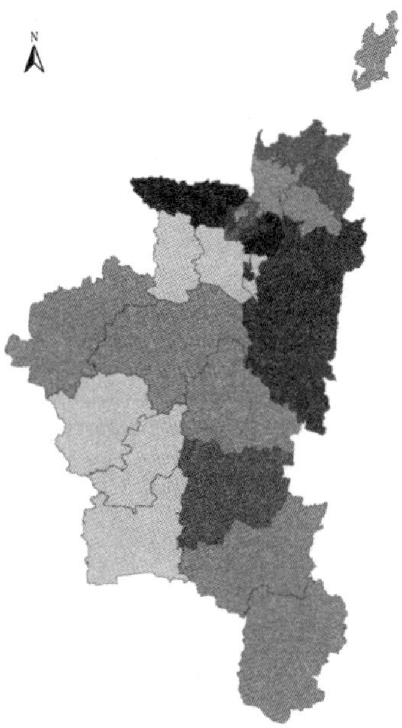


人均林地面积

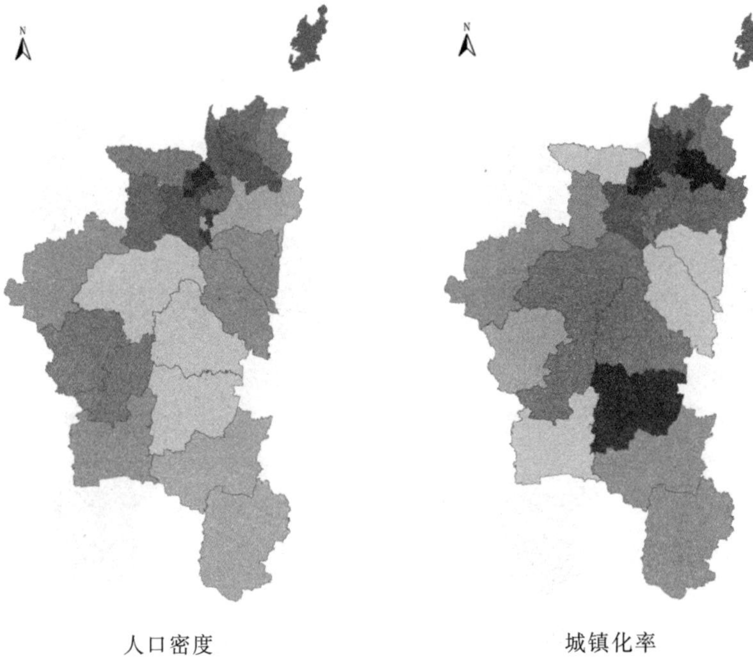


图 5-2 淮北市各个城镇的资源环境承载力单指标分析图

(注:颜色由浅到深,表明指标值由小到大)

研究利用层次分析法计算二级指标的权重,利用排序法计算一级指标权重,同时,对各城镇指标数据进行标准化处理,再利用线性加权和法逐层计算资源丰度指数和环境容量指数,最后得到各个城镇的资源环境承载力综合指数,具体详见表5-2所列和图5-3所示。

**表 5-2 淮北市各城镇资源环境承载力大小排序**

| 排序 | 县区名称 | 镇街道名称 | 资源环境承载力综合指数值 | 资源环境承载力空间分区 |
|---|---|---|---|---|
| 1 | 濉溪县 | 孙疃镇 | 0.740 | 高 |
| 2 | 濉溪县 | 四铺镇 | 0.507 | |
| 3 | 濉溪县 | 百善镇 | 0.505 | |
| 4 | 濉溪县 | 双堆集镇 | 0.438 | |
| 5 | 濉溪县 | 南坪镇 | 0.374 | |
| 6 | 濉溪县 | 铁佛镇 | 0.352 | |
| 7 | 相山区 | 渠沟镇 | 0.349 | |

（续表）

| 排序 | 县区名称 | 镇街道名称 | 资源环境承载力综合指数值 | 资源环境承载力空间分区 |
|---|---|---|---|---|
| 8 | 烈山区 | 烈山镇 | 0.332 | 中 |
| 9 | 相山区 | 任圩街道 | 0.315 | |
| 10 | 相山区 | 西街道 | 0.301 | |
| 11 | 濉溪县 | 五沟镇 | 0.301 | |
| 12 | 相山区 | 东山街道 | 0.266 | |
| 13 | 烈山区 | 宋疃镇 | 0.238 | |
| 14 | 濉溪县 | 韩村镇 | 0.237 | |
| 15 | 濉溪县 | 临涣镇 | 0.227 | |
| 16 | 相山区 | 相南街道 | 0.219 | |
| 17 | 烈山区 | 古饶镇 | 0.211 | |
| 18 | 相山区 | 三堤口街道 | 0.209 | |
| 19 | 相山区 | 东街道 | 0.201 | |
| 20 | 杜集区 | 石台镇 | 0.198 | 低 |
| 21 | 濉溪县 | 刘桥镇 | 0.192 | |
| 22 | 相山区 | 南黎街道 | 0.192 | |
| 23 | 相山区 | 人民路街道 | 0.191 | |
| 24 | 杜集区 | 高岳街道 | 0.183 | |
| 25 | 相山区 | 曲阳街道 | 0.181 | |
| 26 | 杜集区 | 矿山集街道 | 0.180 | |
| 27 | 濉溪县 | 濉溪镇 | 0.174 | |
| 28 | 杜集区 | 朔里镇 | 0.174 | |
| 29 | 杜集区 | 段园镇 | 0.167 | |
| 30 | 烈山区 | 杨庄街道 | 0.129 | |

根据计算结果可知，淮北市各城镇、街道资源环境承载力中的最大值为孙疃镇的 0.740，最小值为杨庄街道的 0.129，总体平均值较低，仅为 0.276，而且 90%的评价单元的承载力指数均小于 0.5，36.67%的评价单元的承载力指数均小于 0.2，承载力指数大于 0.5 的仅有孙疃镇、四铺镇和百善镇，可见淮北市总体承载力情况不容乐观。其次，各个城镇、街道之间的承载力差异较大，最大值与最小值的差距为 0.611，约为平均值的 2.21 倍。最后，在空间分布上，承载力指数值大的城镇主要分布在市域的中部和南部，形成了一条从北向南的带状空间。

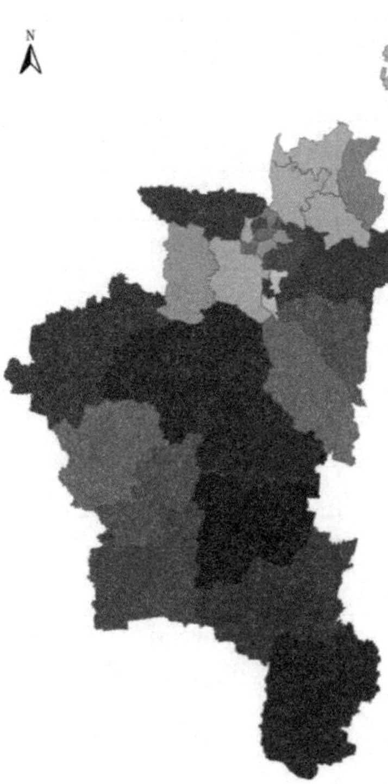


图 5-3　淮北市各个城镇的资源环境承载力综合指数分析图
（注：颜色由浅到深，表明承载力由小到大）

5.2.2.5　综合分析

首先，通过上述淮北市资源环境人口承载力计算，2020 年和 2035 年淮北市域人口规模分别为 241.30 万人和 283.73 万人，经与《淮北市城市总体规划（2016—2035 年）》对比可知，淮北市资源环境人口承载力（283.73 万人）大于规划预期人口（规划期末 2035 年为 260 万人），这就表明《淮北市城市总体规划（2016—2035 年）》规划预期人口不超载。同时，还清晰表明了淮北市资源环境的未来人口承载仍有一定潜力，具有较好的发展空间。

其次，通过用地规模测算，淮北市域 2020 年和 2035 年的建设用地规模分别为 67564.00 公顷和 68095.20 公顷，淮北市辖区 2020 年和 2035 年的建设用地最大规模分别为 31122.00 公顷和 33592.00 公顷。现行《淮北市土地利用总体规划（2006—2020 年）》中规划 2020 年市域建设用地为 66260.00 公顷，市辖区建设用地为 30130.00 公顷。对比可知，2020 年淮北市域和市辖区建设用地预测均大于规划用地。由于用于建设用地规模预测的人口规模是理论上的预期最大值，因此导致建设用地规模偏大。但是，即使这种理论上的最大值发生时，2020 年和 2035 年市域建设用地理论最大规模也仅相当于市域总面积2741平方千米的24.65%和24.84%，市辖区建设用地理论最大规模相当于市辖区总面积760平方千米的40.96%和44.21%，两者均仍处于较安全的区间内。

第三，通过淮北市资源环境人口承载力和建设用地规模预测，可知不同情景下资源环境承载状况不同。总体评价结果表明：一方面淮北市资源环境对人口的承载力仅为283.73万人，尽管大于淮北市城市总体规划的260万人，但仅富余23.73万人，表明淮北市人口承载力较为有限，规划人口已经接近所能承载的最大值，未来仅能增长9.12%。因此，总体规划确定的260万人应予以长期保持和稳定，由此确保淮北市人口发展的安全和可持续性。另一方面预测的人口和建设用地规模为淮北市未来国土空间开发提供了一个警戒线，也即未来发展的峰值界限，由此为发展政策制定和规划决策提供了底线依据。

最后，基于上述各城镇资源环境承载力评价得分和排序，可以把淮北市各个城镇按照资源环境承载力指数大小划分为低承载力空间、中承载力空间和高承载力空间三大类，具体如图5-4所示。

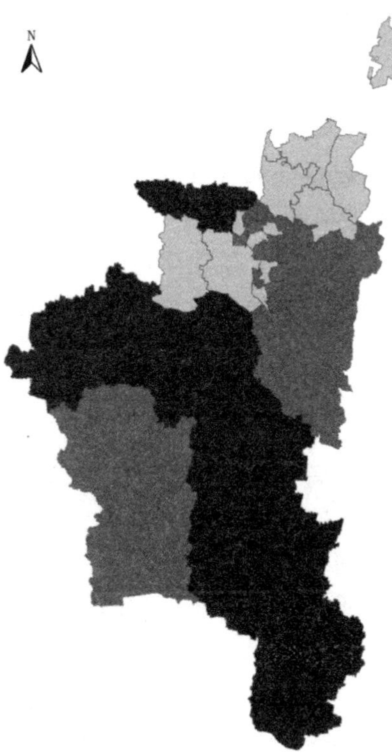


图5-4 淮北市资源环境承载力空间分区图

淮北市资源环境承载力空间分区图中，浅灰色区域是低承载力分区，中灰色区域是中承载力分区，深灰色区域是高承载力分区。在空间格局上，淮北市资源环境承载力呈现出“一带，两翼，三区”的空间分布特点。“一带”即高资源环境承载力带，主要位于市域的西部、中部和东南部，自北向南形成了一条资源环境承载力高的空间带，主要包括渠沟镇、铁佛镇、百善镇、四铺镇、孙疃镇、南坪镇和双堆集镇。“两翼”即中资源环境承载力的两大片区，主要位于市域的西南和东北部，在“一带”的两侧形成两翼，主要包括西南的临涣镇、韩村镇和五沟镇以及东北的古饶镇、宋疃镇和烈山镇。“三区”则是三个低资源环境承载力的空间分区，主要位于市域的北部，包括中心城区、濉溪镇、刘桥镇、朔里镇、石台镇和段园镇。

高承载力空间适宜高强度、大规模开发建设，其可以成为未来淮北国土空间开发的主阵地。特别是百善镇，位于高资源环境承载力的“一带”上，既具有较高的资源环境承载力，又靠近濉溪县城和淮北市中心城区，同时还是正在谋划的淮北南部次中心的选址地。因此，建议加快百善镇南部次中心的论证和规划建设，力争将其打造成为未来淮北城镇化发展的新极核。进一步，对于高资源环境承载力即“一带”上的城镇，建议适度加大国土空间开发力度，这对于改变淮北市传统的城镇发展“北强南弱”的不均衡局面将具有积极作用，同时对于强化徐淮宿城镇群的中部城镇支撑体系、打造淮宿城镇群的城镇连接走廊均具有一定的助推价值和意义。

中承载力空间可以进行适度的具有一定强度、规模的开发建设；低承载力空间应限制开发和建设，应以保护性发展为主。同时，针对资源环境承载力较低区域，分析各地区环境、生态、资源的受损程度，确定一批资源环境承载力退化区（如环境损害区、生态脆弱区和资源负载区），针对这些区域要尽快构建基于资源环境承载力的国土空间调控技术和适应策略，实现资源环境承载力的恢复或提升。

#### 5.2.2.6 对策建议

资源环境承载力是一个涵盖资源和环境要素的综合概念，具有动态性、区域性、可控性等特点，受到人口规模、产业结构、城镇化规模、国土空间格局等多重因素的影响。因此，基于上述对淮北市资源环境承载力的综合评价和分析，提出针对性的改善和提升淮北市资源环境承载力的对策建议，以期为淮北市国土空间开发利用提供参考和依据。

(1)经济社会发展建议

淮北市是传统的煤炭资源大市。在生态文明建设的新时代要进一步调整和优化经济结构和产业结构，切实改变“一煤独大”的局面，打造更为科学合理的经济发展结构。具体而言，淮北市要大力发展高新技术产业、文化产业、服务业等第三产业，降低对资源、环境的大幅度消耗。而对于传统工业，则要加大科技研发投入，开发引进国内外先进技术，提高工业生产的现代化水平，加快工业部门的产业结构优化升级，以免走上“先污染，后治理”的工业化老路，同时提升技术密集型产业比重，促进第二产业中的高端技术产业和产品的发展。

淮北市要建立城市适度的人口规模调控机制。由于水资源对淮北经济社会发展的强约束，淮北市更要注重建立科学合理的人口规模调控机制，这不仅有利于减缓城镇化发展对生态环境的压力，也有利于城镇人口发展与资源环境可承载性的协同，由此可以实现宜居宜业的城镇发展新体系。

(2)资源开发利用建议

要继续执行最严格的土地利用政策。土地资源是中国经济社会发展的重要制约因素之一，土地资源的开发利用应注意“重数量更重质量”，坚持“盘活存量、用好增量”原则，结合土地利用总体规划以及土地资源禀赋特点等，实行差别化的土地利用政策，实现合理的发展容量控制。尽管淮北市国土空间资源较为丰富，但要未雨绸缪，超前布局，进一步加强土地资源的节约集约开发和利用，全面实现建设用地总体规模减增量，并积极推进建设用地零增量以及部分区域的减总量，为实现全市建设用地的可持续开发和利用打下基础。同时，要建立最严格的土地管理制度，重点保护基本农田和耕地的数量，要把 18 亿亩耕地红线在淮北市的指标得到严格落实，永久基本农田划定后，要严格执行，做到不减量、不减质，由此为淮北市的粮食安全和可持续发展夯实基础。此外，构建存量土地挖潜考核体系，粗放利用地区严格限制增加土地供给，建立淮北市土地优化配置体系，即土地资源的保护、利用保障和规划实施体系。

要优化水资源的开发和保护机制，牢固树立“以水定人，以水定产，以水定地，以水定城”的理念，确保水资源的可持续发展和利用。具体而言，淮北市水资源通常用于农田灌溉、工业、居民生活、林牧渔畜、生态环境等，其中农田灌溉用水、工业用水及生活用水是水资源消耗的主要方面，因此，节水型社会的构建应主要从农业用水、工业用水、生活用水三个方面着手。其中，节约农田灌溉用水的关键在于提高沟渠、管道等的输水能力，节约工业用水的关键在于提高水的重复利用率，生活用水的节约则处处皆是，同时要提高生活用水的重复利用率。

要建立资源环境承载能力监测预警长效机制。对资源环境承载力开展动态监测工作，并建立预警机制是保障国土空间合理布局与资源优化配置的重要手段，也是当前国家进行生态文明建设的一个重要举措。这不仅要保护资源环境现状以支撑国土空间开发与利用，还要对未来资源环境承载能力的潜在风险实现系统预估。因此，淮北市要积极落实国家要求，要根据不同区域的自然资源禀赋与环境条件，划定资源环境承载能力红线。当开发强度接近红线时，提出警告警示，对超载的实行限制性措施，防止过度开发后造成不可挽回的严重后果。

(3)环境提升治理建议

要继续推进全市的大气污染、水污染等防治工作。大气污染、水污染的防治工作有助于提升大气环境、水环境的承载能力。这就要继承发扬并创新先进技术、加大使用清洁能源力度，同时，要注意减少生活污染源。要加大污水处理力度，提升污水回收利用率。这些手段均有助于防止大气污染、水污染，从而提升全市的大气环境、水环境承载能力，由此尽可能扭转淮北市环境系统超载的不利局面。

要大力推动采煤塌陷区环境治理。作为煤炭资源大市，淮北存在着大量的采煤塌陷区，要力争变废为宝，为城市发展提供新动能。要利用淮北成功入选全国“城市双修”试点的机遇，通过现代生态修复技术，加快采煤塌陷区的生态修复和治理，力争打造成为集生态修复、资源保护、科学研究、旅游休闲为一体的城市新空间。同时，实施烈山、卧牛山的山体修复工程，利用废弃采石矿坑辟建多功能的游憩活动空间，满足市民健身、休闲、游憩等多种需求，为南湖风景区提供优美的背景，形成山湖一体的自然景观。

### 5.2.3 淮北市国土空间开发适宜性评价

开展国土空间开发适宜性评价是国土空间规划的一项基础性工作，是布好“棋盘”的基础，是落好“棋子”的保证。国土空间开发适宜性评价的目的是对国土空间进行客观、科学、准确的评价，分析并找出需要生态保护、利于农业生产、适宜城镇发展的空间单元，由此全面摸清国土空间的本底条件和适宜用途，形成网格化的空间开发适宜性评价图。这是节约、保护和合理开发国土空间的前提，是生态文明建设与新型城镇化健康发展的基础。更重要的是，其有利于优化国土空间开发格局，控制开发强度与城市边界、生态保护边界和基本农田保护边界，引导产业结构调整和人口集聚布局；有利于加强“过程严管”，有效提高国土空间资源利用效率和生态保护能力，进而为实现全面协调的可持续发展奠定科学的空间基础。

#### 5.2.3.1 指标体系

按照前述国土空间开发适宜性评价模型和方法要求，首先要构建淮北市国土空间开发适宜性评价的指标体系。基于指标选取的科学性、系统性、可操作性等基本原则，考虑到淮北市生态系统的特点和淮北市经济社会发展的总体情况，选取地形因子、水体因子、土地利用现状因子、风景区因子、大运河遗址因子、采煤塌陷区因子、地质灾害风险因子等七大指标进行生态敏感性分析，选取道路交通、建成区规模、人口密度、经济发展水平等四大指标进行经济社会适宜性分析。同时，对一级指标进行细化，得到更为详细的二级指标，由此得到具体的、可实际测度的淮北市国土空间开发适宜性评价的指标体系，详见表 5 - 3 所列。

**表5-3 淮北市国土空间开发适宜性评价指标体系**

| 类别 | 一级指标 | 二级指标 |
| --- | --- | --- |
| 生态敏感性 | 地形 | 坡度 |
| | | 高程 |
| | 水体 | 水库坑塘 |
| | | 河流沟渠 |
| | 土地利用 | 基本农田 |
| | | 滩涂 |
| | | 林地,园地 |
| | | 特殊用地 |
| | 风景区 | 风景区本体 |
| | | 风景区保护区 |
| | 大运河遗址 | 重点保护区 |
| | | 一般保护区 |
| | | 一类建设控制地带 |
| | | 二类建设控制地带 |
| | 采煤塌陷区 | 深塌陷区 |
| | | 中塌陷区 |
| | | 浅塌陷区 |
| | 地质灾害风险 | 高易发区 |
| | | 中易发区 |
| | | 低易发区 |
| 经济社会适宜性 | 道路交通 | 高速公路 |
| | | 铁路 |
| | | 国道、省道 |
| | | 其他公路 |
| | 建成区规模 | 中心城区 |
| | | 乡镇 |
| | 人口规模 | 人口密度 |
| | 经济规模 | 经济发展 |

根据指标体系，收集淮北市的各相关数据。淮北市的自然生态要素数据主要包括：行政区划数据，遥感影像数据，数字高程模型数据，土地利用现状和规划数据，地质灾害风险数据等。经济社会数据主要包括各级各类道路数据、各个建成区的规模数据、各个乡镇的人口和经济发展数据等。利用淮北市的高分辨率遥感影像数据，结合现状地形图，得到淮北市的第一手矢量数据，进而在 ArcGIS 平台上建立淮北市的空间数据库，由此为下一步的适宜性分析做好数据支撑。

5.2.3.2 生态敏感性评价

根据生态敏感性分析方法和步骤，对淮北市的生态敏感性进行全面而系统的计算和评价。首先对各个二级指标的生态敏感性进行分等定级，进而对其进行综合集成，得到一级指标的敏感性分析结果，最后按照生态学中的“最小限制定律”对一级指标进行综合计算，由此得到最终的淮北市生态敏感性评价结果。

(1)单因子敏感性分析

单因子包括七大一级指标，即地形因子、水体因子、土地利用因子、风景区因子、大运河遗址因子、采煤塌陷区因子和地质灾害风险因子。其中，地形因子又包括坡度和高程两个二级指标，水体包括水库、河流、沟渠、坑塘等二级指标，土地利用包括基本农田、林地、园地、特殊用地等二级指标，风景区包括风景区本体和缓冲区二级指标，地质灾害则包括高、中、低易发区三个二级指标。根据 GIS 的计算，各个单因子的生态敏感性分析结果如下：

地形因子包括高程和坡度两个二级指标，其反映了区域最基本的自然地理条件，也是进行生态敏感性评价的首要因子。分别对坡度和高程进行敏感性分析，再进行综合集成而得到最终的地形因子的敏感性分析结果。在高程指标的敏感性等级确定上，根据淮北市的总体海拔高程特点，以保护山体资源为核心目标，划定高海拔区域为极高生态敏感区，在这个高程线以上，可以使淮北市的林地、风景区的核心区等重要生态资源得到全面保护。在坡度指标的敏感性等级确定上，既要根据国家工程与建设要求如 5 度、10 度、20 度的总体要求，又要结合淮北市的现状特点，从而综合确定淮北市的坡度敏感性等级。对坡度和高程的敏感性数据进行综合，得到淮北市的地形因子的敏感性分析结果如图 5－5 所示。

总体上，平川广野是淮北市地形地貌的主要特征，地势由西北向东南倾斜，海拔在 15～40 米之间，坡降为万分之十一。境内有相山(海拔 342.8 米)、老龙脊(海拔 362.9 米)及一些小山丘，其余为冲积平原，面积约达 2355 平方千米，占总面积的 85％。淮北市地形因子敏感性较高的地区主要在西北部的相山地区和东北部的老龙脊山地区，这些地区海拔较高，坡度较大，因此生态敏感性较高，其是淮北市乃至安徽省的重要生态涵养区，应作为国土空间的生态源地进行严格管控。而地

图 5－5　地形因子敏感性
（注：颜色由浅到深，表明生态敏感性由小到大，以下图同）

形因子敏感性较低的地区主要分布在广大的中部和南部地区，包括铁佛镇、百善镇、临涣镇、韩村镇、五沟镇、孙疃镇、南坪镇、双堆集镇等。这些地区海拔较低，地势平坦，敏感性较低，有利于开发建设。

水是最重要的生态资源，是淮北市实现可持续发展最基本的生态保障。因此，为了获得最精确的水体因子的生态敏感性分析结果，研究根据水体的面积规模大小对水体进行了细分。水库细分为重要、中型和一般三个等级类型，坑塘则按面积大小分为重要、中等和一般三个级别。根据景观生态学基本原理，河流廊道应该包括河漫滩、两边的堤岸和至少一边一定面积的陆地，而且这部分陆地应该比边缘效应所影响的宽度要宽。根据淮北市水体的现状特征，按水体对城市生活和生产的重要程度，以及周边环境对其的影响大小，对重要水库、中型水库的敏感区域分为核心区、缓冲区和影响区三级，对一般湖泊水库、主要河流、次要河流的敏感区域分为核心区和缓冲区两级，分别设置不同的生态缓冲距离。根据 GIS 的计算结果，得到淮北市水体因子的生态敏感性结果如图 5-6 所示。

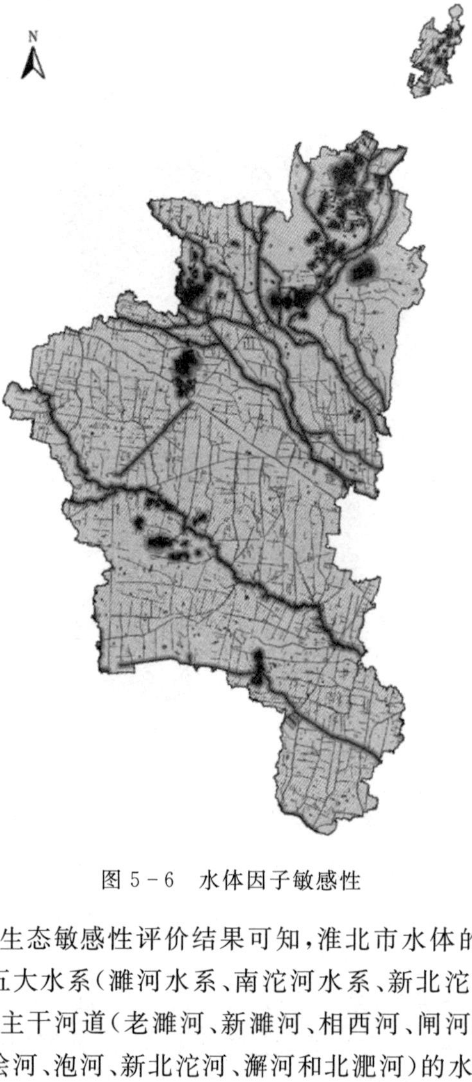


图 5-6　水体因子敏感性

根据水体因子的生态敏感性评价结果可知,淮北市水体的最高敏感性区域以南湖、中湖、化家湖、五大水系(濉河水系、南沱河水系、新北沱河水系、澥河水系和北淝河水系)和 14 条主干河道(老濉河、新濉河、相西河、闸河、龙岱河、洪碱河、南沱河、王引河、巴河、浍河、泡河、新北沱河、澥河和北淝河)的水体本身为核心区域,其周边的生态缓冲区则为较高敏感性区域。这些区域构成了淮北市最为核心的水生态功能区,也是国土空间中的重要生态空间。

土地是人类赖以生存与发展的基本资源和生产要素,是人类一切活动的载体,其中为人类提供所需食物生产的耕地是最为宝贵的土地资源。淮北市地属皖北平原地区,特别是中部和南部区域地势平缓,有利于土地的农业开发利用和农业生产。根据淮北市土地利用现状特征,其生态敏感性评价中的土地利用因子主要考虑基本农田、林地、园地、其他用地的空间分布对城市生态系统的约束作用,其中基本农田为高强度约束，是最需严格保护和管控的用地类型；林地具有较好的生态调节作用，列为较高强度约束，园地为中度约束，其他用地为较低强度的约束。将上述用地的敏感性进行集成，得到最终的淮北市土地利用因子的敏感性分析结果如图 5－7 所示。

图 5－7　土地利用因子敏感性

根据土地利用因子的生态敏感性评价结果可知，淮北市高敏感性的土地利用主要位于市域的中部和南部地区，其是大面积的、集中连片的基本农田保护区。而较低敏感性的土地利用主要位于市域的中心城区及其附近区域、濉溪县城地区及其附近区域，同时，中部和南部的各个镇的建成区也是低敏感地区，呈现出典型的点状空间分布特征。

风景区（风景名胜区）是指风景资源集中、环境优美、由自然或人文历史组成的名胜古迹，具有一定规模和游览条件，可供人们游览欣赏、休憩娱乐或进行科学文化活动的地域。因此,风景区本体具有最高等级的生态敏感性。同时,为了保护风景区,应设置不同距离的保护区,这些区域也具有相应的敏感性等级。淮北市具有悠久的历史文化积淀,拥有一批国家级、省级、市级自然与历史文化保护区,这些区域应作为重要的风景区资源参与评价。同时,老龙脊山风景区和相山风景区是淮北市最大的风景区,因此应作为最重要的风景区因子。对这些风景区按照本体范围、不同的保护区范围分别赋予不同的生态敏感性等级值,由此得到风景区因子的敏感性结果如图 5-8 所示。

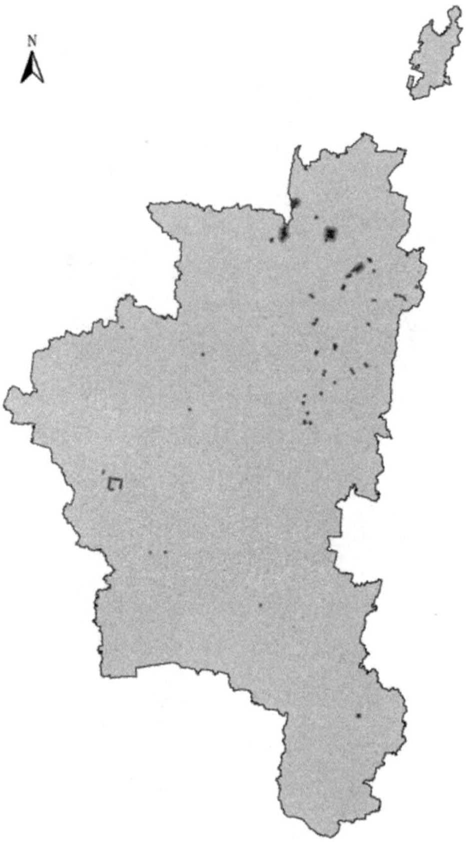


图 5-8 风景区因子敏感性

大运河遗产(安徽段)长约 160 千米,其中位于淮北市境内的约有 40 千米,是淮北市重要的历史文化资源。特别是柳孜镇的隋唐大运河遗址,共发现 8 艘唐代沉船和一座宋代石建筑码头,这是我国隋唐大运河建筑遗址的首次发现。此次发掘证明了柳孜镇是隋、唐、宋代通济渠岸边的重镇,不仅是一个运漕中转码头,也是一个很大的商旅之地。大运河遗址保护分为重点保护区、一般保护区、一类建设控制地带和二类建设控制地带，由此得到敏感性结果如图 5－9 所示。

根据目前淮北市主要煤矿的开采利用情况，按照 0～1.5 米、1.5～2.5 米和大于等于 2.5 米的塌陷深度把整个采煤塌陷区划分为三个等级，并按照生态敏感性大小赋予不同的等级值，由此得到采煤塌陷区因子的敏感性评价结果如图 5－10 所示。其中，0～1.5 米塌陷区回填处理可作为建设用地；1.5～2.5 米塌陷区一般不作为建设用地，应作为生态涵养用地；而大于等于 2.5 米的塌陷区应作为禁止建设区。

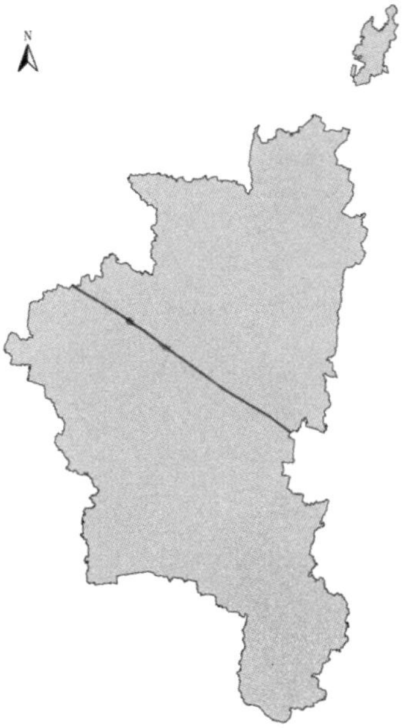


图 5－9　大运河遗址因子敏感性

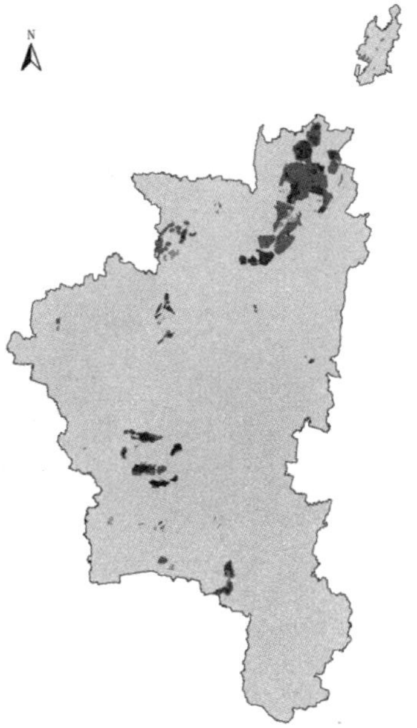


图 5－10　采煤塌陷区因子敏感性

根据采煤塌陷区因子的生态敏感性评价结果，淮北市采煤塌陷区主要集中在三个区域。其一是中心城区的中部地带，形成一条自东北向西南的高敏感性塌陷区走廊；其二是位于刘桥镇的采煤塌陷集中区；其三是位于市域中南部的临涣镇、韩村镇、五沟镇、孙疃镇、南坪镇的塌陷集中区。除了上述三大塌陷集中区以外，铁佛镇和百善镇也有部分塌陷区分布。

根据相关地质灾害资料，依据淮北市的崩塌、滑坡、河湖岸崩情况以及地面塌陷情况，将淮北市地质灾害高易发区列为高敏感区，中易发区列为中敏感区，低易发区列为低敏感区，具体的地质灾害风险因子敏感性分析结果如图 5－11 所示。

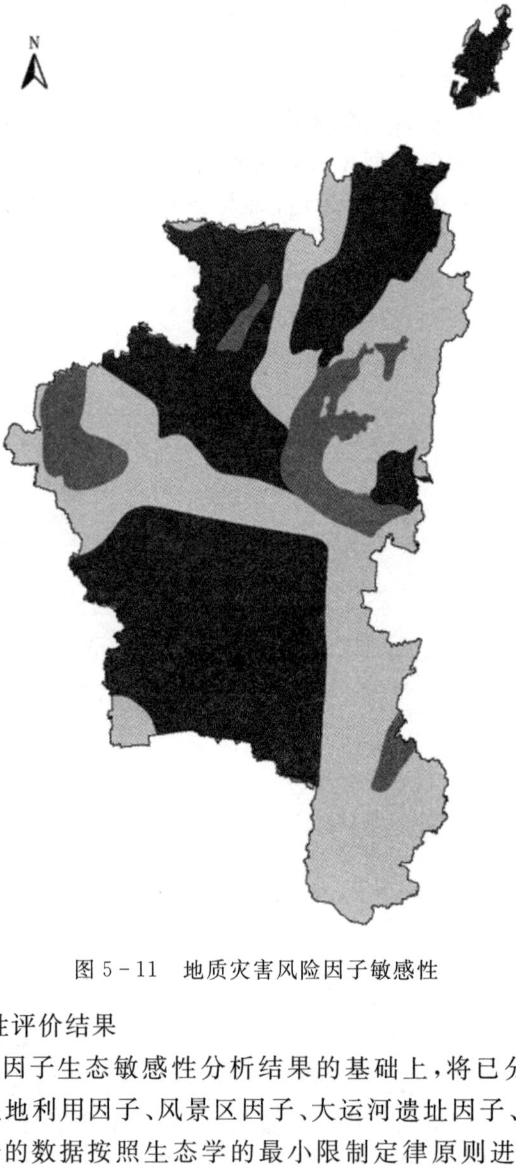


图 5 - 11　地质灾害风险因子敏感性

(2)生态敏感性评价结果

在完成上述单因子生态敏感性分析结果的基础上，将已分类的等格网地形因子、水体因子、土地利用因子、风景区因子、大运河遗址因子、采煤塌陷区因子、地质灾害风险因子的数据按照生态学的最小限制定律原则进行综合集成分析，得到淮北市的生态敏感性评价结果如图 5 - 12 所示。总体上，淮北市的山脉、河流、水库、保护区等构成了最高等级的生态敏感性区域。这些区域将成为淮北市的生态红线地区，也就是禁止一切形式的城镇化和工业化开发，将永久作为淮北市的生态本底区，是进行生态保育、涵养的“源”和“汇”，从而为淮北市保留并传承好“青山绿水”这一最关键的生态资源，为淮北市国土空间的可持续发展奠定坚实基础。

图 5 - 12 淮北市生态敏感性评价结果

根据淮北市生态敏感性评价结果，把淮北市域空间按生态敏感性大小分为五个等级，分别为极高敏感性、高敏感性、中敏感性、低敏感性和极低敏感性。在面积规模上，极高敏感性地区面积为 376.39 平方千米，占市域总面积的 13.73%；高敏感性地区面积为 1643.40 平方千米，占市域总面积的 59.96%；中敏感地区面积为 308.22 平方千米，占市域总面积的 11.24%；低敏感性地区面积为 364.66 平方千米，占市域总面积的 13.30%；极低敏感性地区面积为 48.33 平方千米，占市域总面积的 1.77%。进一步，淮北市辖区的生态敏感性评价结果如图 5 - 13 所示。

淮北市辖区的生态敏感性评价结果显示：极高敏感性地区面积为 200.51 平方千米，占市辖区总面积的 26.38%；高敏感性地区面积为 286.75 平方千米，占市辖区总面积的 37.73%；中敏感地区面积为 130.56 平方千米，占市辖区总面积的 17.18%；低敏感性地区面积为 137.11 平方千米，占市辖区总面积的 18.05%；极低

图 5-13　淮北市辖区生态敏感性评价结果

敏感性地区面积为 5.07 平方千米,占市辖区总面积的 0.66%。

在要素构成上,淮北市的极高生态敏感性地区主要包括三大部分:一是相山和老龙脊山风景区;二是湖泊水库与河流水渠的本体部分,主要有南湖、中湖、化家湖以及 14 条主干河道等;三是采煤塌陷区中深度大于 1.5 米的区域。极高敏感性地区主要分布在市域的东北部即主城区范围内以及市域中南部的煤矿集中区内。高敏感性地区主要包括基本农田、风景区和水体的核心缓冲区部分,主要分布在濉溪县境内,特别是集中连片的基本农田保护区构成了最大的高敏感性地区。中敏感性地区主要是一般农田,而低和极低敏感性地区主要包括各个城镇和工业基地的建成区。

5.2.3.3　经济社会适宜性评价

根据经济社会适宜性分析方法和步骤,对淮北市的经济社会适宜性进行全面而系统的计算和评价。首先对各个二级指标的适宜性等级进行分等定级,进而对其进行综合集成，得到一级指标的适宜性分析结果，最后按照线性加权求和方法对一级指标进行综合计算，由此得到最终的淮北市经济社会适宜性评价结果。

(1)单因子适宜性分析

经济社会适宜性评价包括四大一级指标，即道路交通、建成区规模、人口规模和经济规模。其中，道路交通又包括高速公路、铁路、国道省道和其他公路等二级指标，建成区规模包括中心城区和乡镇建成区两个二级指标。根据GIS的计算，各个单因子的适宜性分析结果如下：

道路交通是城市和区域发展建设的骨架，是空间开发建设的主轴。合徐和泗许高速、省道(101、303、305)等重要交通干线穿越淮北市。这些交通干线周边地区因为有便捷的对外交通联系，因此可以作为适宜选址建设的地区，其空间开发适宜性的等级较高。根据图5-14所示的评价结果可知，高速公路、铁路、国道省道及其两侧地区成为最为适宜建设的地区，构成了淮北市适宜开发空间的集中区，其他公路及其两侧也成为适宜性等级较高的地区。

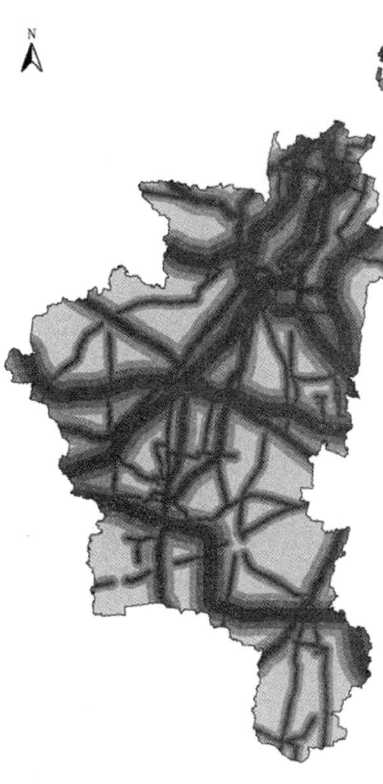


图5-14 道路交通适宜性

(注：颜色由浅到深，表明经济社会适宜性由小到大，以下图同)

城镇建成区是当前城市空间开发的主阵地，也是未来城市空间拓展的极核地区。按照中心城区和乡镇两个层级，对淮北市的各个城镇建成区进行拓展分析，由此得到建成区的适宜性分析结果。根据图 5-15 所示的评价结果可知，淮北市中心城区和濉溪县城构成了淮北市最大的适宜开发的空间集中区，这也是淮北市未来城镇空间发展的极核与中心。而北部和南部的各个镇的建成区规模均较小，未来城镇空间的发展潜力也相对有限。

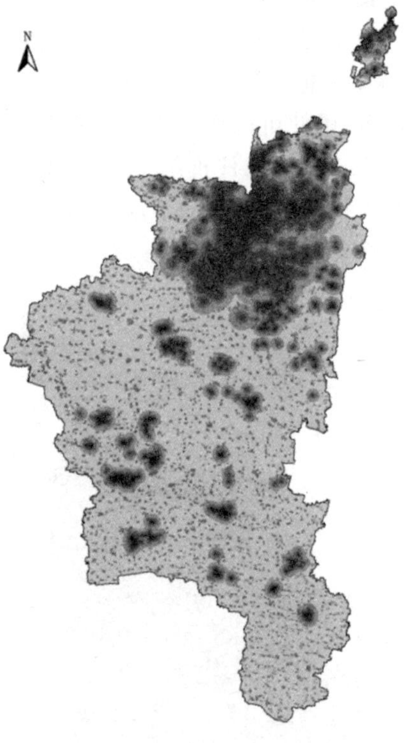


图 5-15　建成区规模适宜性

人是经济社会的主导者，也是新型城镇化发展中最活跃的因素。基于淮北市各个乡镇的人口数据，把淮北市各个乡镇的人口规模适宜性等级分为五级。如图 5-16 所示的评价结果显示，总体上，淮北市人口分布呈现出南北差异大的特点，濉溪县各个镇的人口规模均较小，而市辖三区各个镇的人口则较为集聚，构成了市域人口分布的最大核心区。

选取 GDP 和财政收入两项指标作为衡量各个乡镇经济规模适宜性的因素，在 GIS 中进行计算得到淮北市经济规模适宜性评价结果如图 5-17 所示。相山区的经济规模最大，实力最强，位于极高适宜性等级。而濉溪镇、百善镇的经济规模次之，实力较强，位于高适宜性等级。而朔里镇、临涣镇、烈山镇的经济发展居中，构成了中适宜性等级。其他镇则构成了低和极低适宜性地区，这些乡镇构成了淮北市域南部的经济发展低谷区域。总体上，淮北市未来经济发展的压力仍较大，在继续做大做强经济大镇的同时，迫切需要加大对经济发展较弱乡镇的资源、政策、资金的投入和扶持力度，从而尽快缩小市域经济的发展差距，促进全市经济社会的协调与可持续发展。

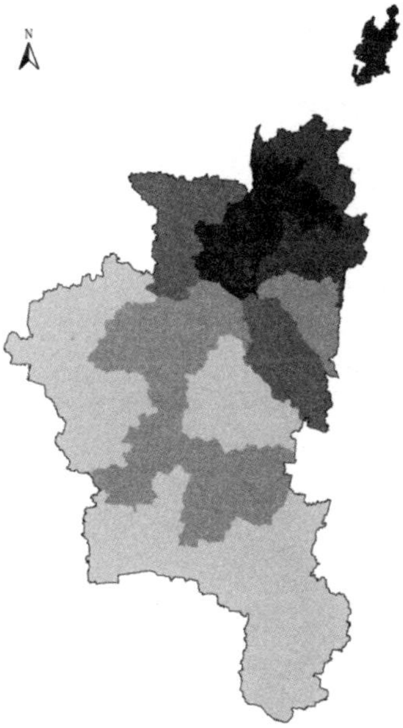

图 5－16 人口规模适宜性

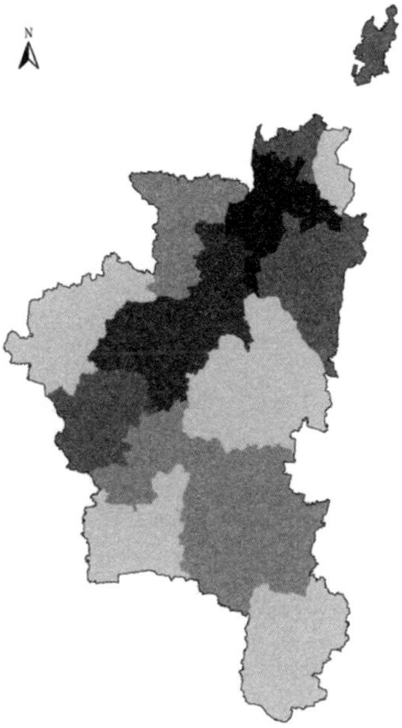

图 5－17 经济规模适宜性

(2)经济社会适宜性评价结果

在完成经济社会单因子适宜性分析结果的基础上，将已分类的等格网道路交通因子、建成区因子、人口因子和经济因子的数据按照线性加权和法进行综合集成分析，得到淮北市的经济社会适宜性评价结果如图 5－18 所示。总体上，淮北市的各个乡镇建成区、主要交通廊道、人口经济规模大的地区构成了经济社会发展的高适宜区域。这些区域将成为淮北市经济社会发展的增长极核，也是淮北市产业发展、城镇化发展的主要承载地。进一步，根据淮北市经济社会适宜性评价结果，把淮北市域空间按经济社会适宜性大小分为五个等级，分别为最适宜区、较适宜区、中适宜区、较不适宜区和最不适宜区。在面积规模上，最适宜区面积为 132.75 平方千米，占市域总面积的 4.85％；较适宜区面积为 261.43 平方千米，占市域总面积的 9.53％；中适宜区面积为 488.49 平方千米，占市域总面积的 17.82％；较不适宜区面积为 903.78 平方千米，占市域总面积的 32.97％；最不适宜区面积为 954.55

平方千米,占市域总面积的 34.83%。

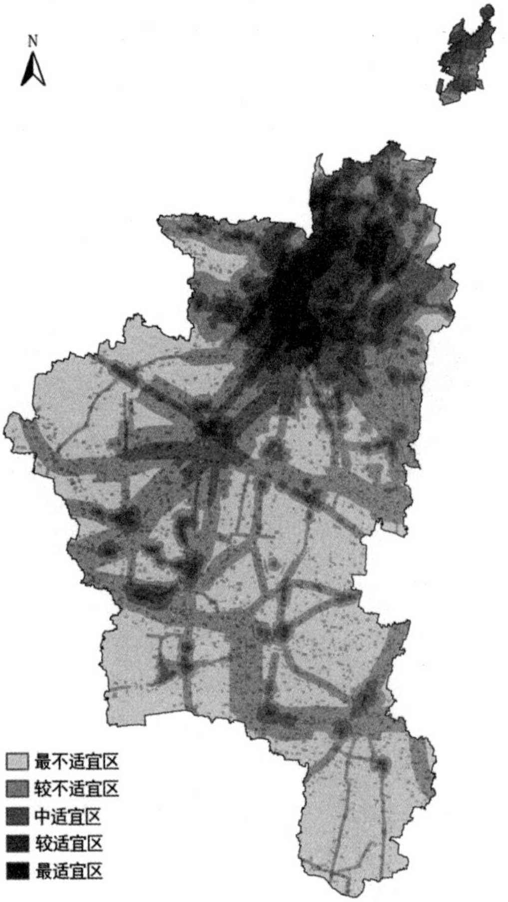


图 5-18　淮北市经济社会适宜性评价结果

在空间分布上,最适宜和较适宜性地区主要集中在相山区、杜集区、濉溪县城,其构成了市域空间中最大的经济社会适宜性地区。其他如百善镇、临涣镇等乡镇的建成区及其周边地区、重要交通干线及其两侧地区也都是适宜性较高的地区,而最不适宜和较不适宜性地区主要包括西部和南部的各个乡镇。

进一步,淮北市辖区的经济社会适宜性评价结果如图 5-19 所示。其中,最适宜区面积为 95.87 平方千米,占市辖区总面积的 12.61%;较适宜区面积为 175.02 平方千米,占市辖区总面积的 23.02%;中适宜区面积为 196.32 平方千米,占市辖区总面积的 25.83%;较不适宜区面积为 229.19 平方千米,占市辖区总面积的 30.15%;最不适宜区面积为 63.60 平方千米,占市辖区总面积的 8.39%。

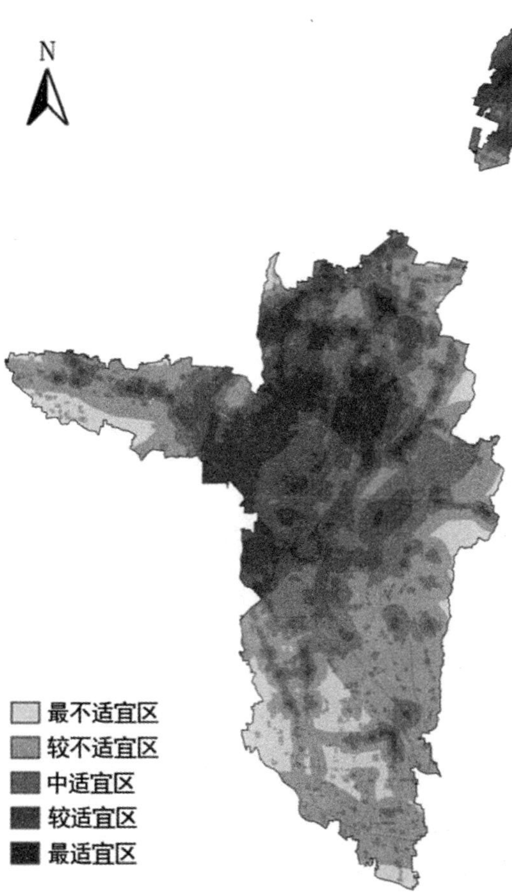


图 5-19 淮北市辖区经济社会适宜性评价结果

5.2.3.4 综合评价结果

淮北市国土空间开发综合适宜性是生态敏感性和经济社会适宜性的集成，其全面反映了淮北市进行国土空间开发的适应性等级情况，由此为下一步的空间规划布局提供了科学的决策依据。按照前述评价模型和计算公式，得到淮北市国土空间开发适宜性评价的最后结果。根据评价结果，参考国土空间规划关于城镇空间、农业空间和生态空间的划分要求，把淮北市国土空间划分为五类适宜性分区，即最不适宜区、较不适宜区、中适宜区、较适宜区和最适宜区，由此得到最终的淮北市国土空间开发适宜性评价分区图如图 5-20 所示。

(1)最不适宜区

最不适宜区的面积为 367.26 平方千米，占市域总面积的 13.39%。最不适宜区呈现出明显的块状分布，主要包括三个部分：一是相山和老龙脊山风景区，这些地区海拔高,坡度大,自然生态条件优越,同时经济社会发展水平较低,道路交通条件也相对不足,因此被划为最不适宜开发的国土空间类型;二是湖泊水库、河流水渠、大面积坑塘的本体部分,主要有南湖、中湖、化家湖以及 14 条主干河道等,这些重要的生态要素构成了宝贵的水资源体系,也应被划入最不适宜区;三是采煤塌陷区中深度大于 1.5 米的区域。

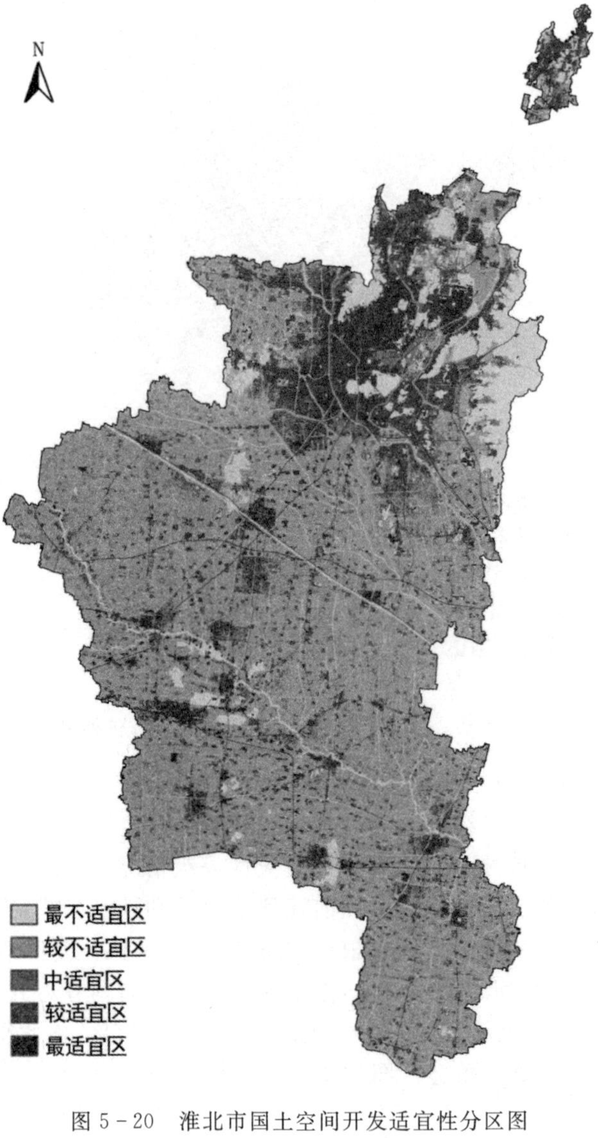


图 5-20　淮北市国土空间开发适宜性分区图

总体上,最不适宜区应作为国土空间中的禁止开发区,是刚性的生态控制线,是永久不能进行城镇开发建设的生态红线地区，原则上不能突破和进行城镇化、工业化的开发建设。从更深层次的范围看，最不适宜区是淮北市实现可持续发展的生态基础，是一些关键自然资本集聚区。最不适宜区主要应作为生态保育、修复和涵养地区，是维护生态环境基底的“源”和“汇”。对于淮北市来说，山水资源是其所拥有的最大的生态资源，也是其当之无愧的关键自然资本。特别是一些大中型水库、河流等，在当前城市水资源日益告急而城市用水量却仍在增加的大环境下，这些宝贵的水资源也理所当然地成为淮北市的生态红线地区。

(2)较不适宜区

较不适宜区主要分布在最不适宜区的周边地区，如保护区、水体的核心缓冲区等，同时还包括基本农田、园地、林地等。较不适宜区的面积为 1631.46 平方千米，占比 59.52%。总体上，较不适宜区应作为限制开发区域。限建区是一类特殊的空间管控分区，是介于适建区和禁建区之间的一类过渡地区。本质上，限建区是一种生态缓冲区域，限制建设意味着可以在严格的条件下进行适度开发建设，也即要在严格许可条件下适度开发。但是，从当前生态文明建设的时代背景出发，限建区通常不应作为建设用地，除非特殊情况不得安排建设项目，从而实现最大限度保护生态环境的目的。

(3)中适宜区

中适宜区的面积为 180.11 平方千米，占市域总面积的 6.57%，主要包括山体、保护区、水体的外围缓冲区等。中适宜区可作为未来城镇化、工业化发展的备用地区，是一类弹性发展区域。当建设用地紧张时，可以启用该类区域；反之，则作为农业用地，由此为未来发展保留充足的战略缓冲空间。

(4)较适宜区

较适宜区主要是最适宜区的周边地区，主要包括建成区的周围、主要交通干线的周围等，在空间上主要呈现出斑块状的分布形态。较适宜区的面积共 207.41 平方千米，占市域总面积的 7.57%。总体上，较适宜区是一种建设用地的备选空间，一般情况下不宜首先开发使用，应优先开发最适宜区的空间。同时，较适宜区的特点还在于其能为城镇空间的拓展提供一个明确的边界，也就是说其和最适宜区可以共同构成城镇空间及其开发边界。

(5)最适宜区

最适宜区的面积为 354.76 平方千米，占市域总面积的 12.95%，主要包括中心城区和主要乡镇的建成区、重要交通干线及其核心缓冲区等。在空间上，以中心城区为核心并包括周边的濉溪县城和石台、朔里、渠沟、刘桥、古饶、宋疃 6 个镇构成了淮北市域最大的适宜性空间集中区，其必然将成为未来淮北市城镇化发展的主阵地，可以集聚更多的产业和人口，由此形成淮北市的主体城镇空间。

进一步分析得到淮北市市辖区的国土空间开发适宜性评价结果如图 5-21 所示。其中,最不适宜区的面积为 194.15 平方千米,占市辖区总面积的 25.55%。较不适宜区的面积为 228.07 平方千米,占市辖区总面积的 30.01%。中适宜区的面积为 74.65 平方千米,占市辖区总面积的 9.82%。较适宜区的面积为 79.80 平方千米,占市辖区总面积的 10.50%。最适宜区的面积为 183.33 平方千米,占市辖区总面积的 24.12%。

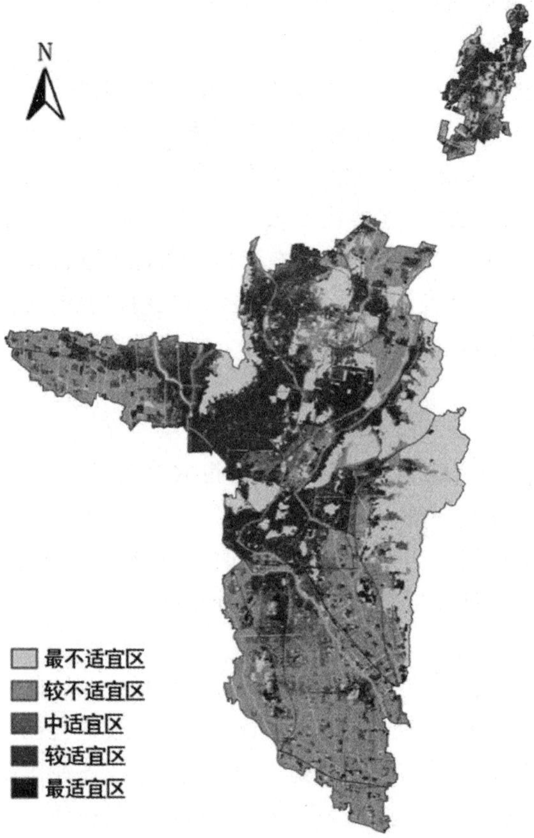


图 5-21　淮北市辖区国土空间开发适宜性分区图

5.2.3.5　三类空间划分建议

国土空间规划要划分生态空间、农业空间和城镇空间三类空间,由此为规划布局铺好"棋盘"。作为国土空间规划的一个基础性工作,国土空间开发适宜性评价能为布好"棋盘"提供科学的依据。基于此,在淮北市国土空间开发适宜性评价的基础上,尝试提出淮北市三类空间的划分建议,由此为淮北市国土空间规划编制提供参考。

(1)生态空间

生态空间是刚性管控的空间,是淮北市的生态本底空间。秉承"绿水青山就是金山银山"的生态文明理念,生态空间划分要依据生态敏感性和国土空间开发适宜性评价结果,把那些具有极高敏感性和最不适宜开发的"青山绿水"空间精准识别和挖掘出来,以此作为淮北市的基准生态空间,也就是说这将是淮北市生态空间的最小值。具体而言,把最不适宜开发的国土空间划分为淮北市的生态空间,其面积为 367.26 平方千米,占市域总面积的 13.39%。根据划分建议,淮北市生态空间的占比较小,这与淮北市处于皖北平原地区的基本市情是高度一致的。总体上看,淮北市的北部、东北区域大部分是生态空间,中部和南部地区则有较多的非生态空间,具体如图 5-22 所示。

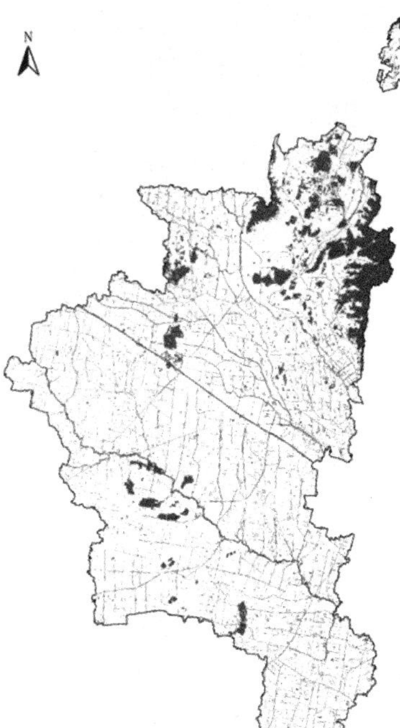


图 5-22 淮北市生态空间划分建议

(2)农业空间

把较不适宜和中适宜的国土空间划为农业空间,同时,要把村庄用地也归入农业空间,由此得到淮北市的农业空间建议范围。根据划分建议,淮北市农业空间面积为 2120.24 平方千米,占市域总面积的 77.36%。农业空间包括了淮北市的基本农田、一般农用地和村庄,共同构成了淮北市农业生产和农民生活的国土空间,具体如图 5 - 23 所示。

图 5 - 23　淮北市农业空间划分建议

(3)城镇空间

显然,可以把较适宜和最适宜的国土空间划为城镇空间,由此得到城镇空间的划分建议范围。根据划分建议,淮北市城镇空间面积为 253.50 平方千米,占市域总面积的 9.25%。城镇空间包括了淮北市的中心城区、各个乡镇建成区、重要交通干线以及相应的核心缓冲区,其共同构成了淮北市城镇居民生产生活的国土空间,具体如图 5 - 24 所示。

综上,在淮北市国土空间开发适宜性评价的基础上,尝试划分了淮北市的三类空间,如图 5 - 25 所示(浅灰色区域为生态空间,中灰色区域为农业空间,深灰色区域为城镇空间)。进一步,淮北市生态空间、农业空间和城镇空间的面积比为 13.39 ∶ 77.36 ∶ 9.25,这也明确显示淮北市的国土空间特点,即农业空间占有绝对优势,而生态空间相对最小。因此,未来淮北市要在保护好生态空间的基础上,走城镇化的精明增长道路,由此实现生态、农业和城镇三大空间的有机统一和协调发展。

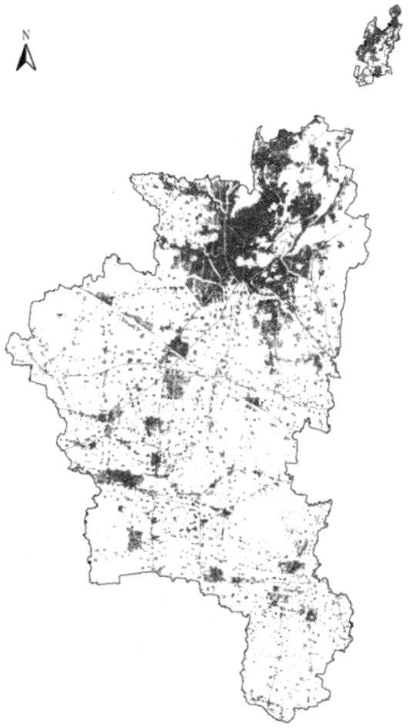

图 5-24 淮北市城镇空间划分建议

图 5-25 淮北市三类空间划分建议

5.2.3.6 空间管控对策

根据国土空间开发适宜性评价结果，提出淮北市国土空间开发的管控对策。总体上，要按照“生态空间、农业空间、城镇空间”三位一体的发展思路，以生态空间为本底，以农业发展为基础，以城镇空间结构体系构建为主线，为将淮北市打造成为“国家重要能源基地、中部地区新材料产业基地、苏鲁豫皖交汇区域中心城市”奠定空间基础。

(1)协调三大空间关系

生态空间、农业空间、城镇空间是淮北市国土空间规划的大“棋盘”，也是未来国土空间开发建设的主要承载地，因此，要充分协调好三大空间的关系。首先，要严守生态红线，确保生态空间不缩小、不减量、不变质，确保绿水青山代代相传，为打造生态淮北夯实生态之基。其次，要提高农业空间的开发利用效率和效益，要划定永久基本农田边界，确保 18 亿亩耕地红线在淮北市得到全面落实。最后，城镇空间要遏制摊大饼的势头，从增量发展转变到存量优化的方向上来，不断提高城镇空间开发的集约性，坚决走精明增长的新型城镇化发展道路。

(2)生态空间管控对策

生态空间内的土地主导用途为生态环境保护，严格禁止与主导功能不相符的各项建设;严禁开展不符合生态功能定位的各类开发活动,引导人口逐步有序转移,实现污染物“零排放”,提高环境质量;在不损害生态功能的前提下,允许保持适度的生态休闲旅游活动,支持在旅游、林业等领域推行循环型生产方式;严格控制基础设施建设,新建交通基础设施严禁穿越自然保护区核心区,避免对重要自然景观和生态系统的分割。

(3)农业空间管控对策

农业空间内的土地主导用途为农业生产和农民生活空间,是发展农业生产,开展土地整治和基本农田建设的主要区域;区内禁止城镇建设,控制线型基础设施和独立建设项目用地。特别是根据国家《基本农田保护条例》,基本农田保护区是指为对基本农田实行特殊保护而依据土地利用总体规划和依照法定程序确定的特定保护区域,属于严格保护的红线。当交通、水利等基本建设需要占用基本农田的,要依法依规实行报批许可。

(4)城镇空间管控对策

城镇空间内的土地主导用途为城镇或工矿建设发展空间;区内新增城乡建设用地受规划指标和年度计划指标约束,应统筹增量与存量用地,促进土地节约集约利用;规划实施过程中,在允许建设区面积不改变的前提下,其空间布局形态可依程序进行调整,但不得突破城镇开发边界;同时,要不断优化城镇空间结构,严控开发强度,控制城镇的无序蔓延和扩张、工业遍地开花和开发区过度分散,从而不断提高城镇空间开发的效率和效益。

(5)提高空间管控效率

政府是国土空间开发的组织者、实施者和管理者,在国土空间发展这一系统工程中处于中心主导地位,因此,构建一个高效政府是国土空间开发提质增效的基础和前提。要坚持以服务为核心,构建精简高效的空间管控体制,推进效能建设,提高办事效率。当前要尽快完成淮北市县自然资源部门的组建与整合,不断统筹有关空间发展的各个部门的职责权利,全面理清现有各部门空间规划和建设的落地情况,进而制定出统一的淮北市国土空间管控框架体系,为国土空间开发夯实体制机制基础。

## 5.3 肥东县国土空间规划

### 5.3.1 肥东县基本概况

#### 5.3.1.1 区位条件

肥东县是安徽省省会合肥市的下辖县,位于北纬 31°34′～32°16′、东经 117°19′

～117°52′，是长三角世界级城市群合肥副中心城市的东部城区。全县总面积约2206平方千米，人口为105万人，辖18个乡镇和331个村(居、社区)。18个乡镇包括：店埠镇、撮镇镇、梁园镇、桥头集镇、长临河镇、石塘镇、古城镇、八斗镇、元疃镇、白龙镇、包公镇、众兴乡、张集乡、马湖乡、陈集镇、响导乡、杨店乡和牌坊乡。具体的行政区划如图5-26所示。

图5-26 肥东县行政区划图

在区位条件上，肥东居皖中腹地，东望南京，南滨巢湖，西融合肥，北襟蚌埠，既有“吴楚要冲、包公故里”的盛名，又有“襟江近海、七省通衢”之美誉，综合区位和交通优势明显。肥东是安徽“东向发展”的桥头堡，“长三角”西向延伸的“必经地”，是安徽省打造合芜蚌自主创新综合配套改革试验区的纵深腹地，也是推进皖江城市带承接产业转移示范区建设的核心地带。

肥东县境内，淮南铁路与合宁、合福高铁纵贯东西，拥有高铁肥东站和长临河站。合宁、合芜、合徐、合六高速公路和101、105省道贯穿全境，高速公路总里程居全省第一位。拥有店埠河三级航道，长江水运经巢湖直达肥东，通江达海优势凸现。在城市道路上，目前肥东县城有长江东路、包公大道、临泉路和新安江路等4条干道通往合肥市区，正在建设的合肥市轨道2号线东达肥东大众路站，和合肥主城基本实现了无缝快速连接。

5.3.1.2　自然条件

肥东县地形地貌呈丘陵岗地、低山残丘、河湖低洼平原三种，境内丘陵、岗地、平原分别占全县土地总面积的14%、48%、38%。东部和北部主要为低山丘陵和丘陵岗地区，以耕地、林地为主；中部和南部为波状平原和滨湖平原区，以耕地、水域为主。江淮分水岭从西往东横贯中北部，将全县分为淮河和长江两大流域，县域地形复杂，北宽南窄，呈倒三角形状。大别山余脉逶迤东南，主要有四顶山、白马山、青阳山、龙泉山、浮槎山、棋盘山、凤凰山、岱山等。肥东县属北亚热带季风气候区，光照充足，气候温和，四季分明，雨量适中。肥东县水资源丰富，水域面积47444.41公顷，约占总面积的21%，分为淠史杭、驷马山、引巢和岱山水库四个灌区。境内有南淝河、店埠河、滁河、池河四条干流，拥有巢湖水面45平方千米。全县蓄水能力总计达6.85亿方，拥有中型库坝6座，分别是：众兴水库、袁河西水库、管湾水库、岱山水库、乌龙坝和刘桥坝；拥有小一型水库40座，小二型水库182座，大小塘坝4.2万口。

5.3.1.3　经济社会

近年来，肥东县继续以“合肥市东向发展的门户，东部组团中心；加工制造业及物流商贸基地；现代生态园林城市”为发展定位，继续实施“工业立县、城乡统筹、东向发展、科教兴县”四大发展战略，全力打造肥东经济开发区、合肥循环经济示范园、安徽合肥商贸物流开发区等三大产业园区，在城乡经济社会发展上取得了显著成绩。肥东县相继获得中国中小城市综合实力百强县、中国最具投资潜力中小城市百强县、中国最具区域带动力中小城市百强县、中国最具幸福感的县级城市、安徽省综合十强县、安徽省文明县、安徽省美好乡村建设典范、全国科技进步先进县、2011—2015年度全国科普示范县、安徽省教育强县、安徽省民间文化艺术之乡、全省文明县城工作先进县、全国散文之乡等一系列荣誉。在社会事业发展上，肥东县在科技、教育、文化、医疗、体育等社会公共设施和公共服务体系建设上也取得了显著进步，为城市的和谐稳定发展和实现全面建成小康社会的战略目标奠定了坚实的经济社会基础。总体上，肥东县主要经济社会发展指标增速位居安徽省前列，综合实力始终保持在安徽省第一方阵，连续五年跻身全国科学发展综合实力百强县行列，这为巩固与提升肥东在安徽省县级城市中的先导和引领地位、在合肥建设区域性特大中心城市中的副中心地位夯实了基础。

近年来，肥东县利用良好的产业基础、明显的区位优势、显著的特色优势，大力打造长三角世界级城市群合肥副中心的东部城区的城市品牌，目前已经取得显著成效，这有利于肥东在更高的起点上谋划推动创新发展、协调发展、绿色发展、开放发展和共享发展。但是，肥东也面临着诸多挑战。如经济发展方式仍比较粗放，转型升级任务艰巨，经济增长的资源环境约束趋紧，城乡发展不平衡不协调的矛盾比较突出，生态保护和经济社会发展的任务仍然十分繁重等。在这些问题中，县域国土空间的科学管控就是其中的一个关键问题。目前，肥东县域空间管控和治理的体制机制尚未有效建立，全县国土空间“一盘棋”的战略框架仍需加快谋划。因此，在当前新时代背景下，开展肥东县国土空间规划编制和研究具有非常迫切的需求，其对于肥东的可持续发展将起到重要的推进作用并具有重大意义。

### 5.3.2 肥东县国土空间基础评价

在肥东县国土空间规划编制时，需要首先开展肥东县资源环境承载力和国土空间开发适宜性两大基础评价，由此得到肥东县国土空间未来可以承载的人口规模和建设用地规模，确定哪些空间适宜大规模开发利用，哪些空间需要保护和修复，由此为肥东县国土空间规划编制提供科学依据。

#### 5.3.2.1 资源环境承载力评价

(1)总体研判

同淮北市资源环境承载力评价一样，选取人均可利用土地资源、人均可利用水资源、环境容量、国土开发强度、人口集聚度、经济发展水平等6个指标，对安徽省县区单元进行资源环境承载力评价，从而得到肥东县资源环境发展的基本状态，结果如下：

人均可利用土地资源：全省分为较丰富、中等、较缺乏和缺乏四个等级，肥东县则为中等状态，表明肥东县土地资源处于中等水平，承载力也处于中等状态。

人均可利用水资源：全省分为丰富、较丰富、中等、较缺乏、缺乏五个等级，肥东县处于缺乏状态，表明肥东县水资源承载力较小。

环境容量：全省划分为超载、中度超载、轻度超载和无超载四个等级，肥东县处于轻度超载等级，表明肥东县环境容量一般，环境系统的承载力一般。

国土开发强度：全省划分为＜5%、5%～10%、10%～15%、15%～20%、20%～25%、＞25%六个等级，肥东县处于10%～15%等级上，表明肥东县建设用地占比处于中等状态，国土开发的潜力也处于中等水平。

人口集聚度：全省划分为高、较高、中等、较低和低五个等级，肥东县处于较低等级，表明肥东县人口规模及其密度处于较低状态，人口集聚发展的潜力较大。

经济发展水平：全省划分为高、较高、中等、较低和低五个等级，肥东县处于较高状态，表明肥东县经济发展水平较高，经济承载力较大，但未来经济发展仍有提升空间。

（2）人口、经济承载力和建设用地规模预测

依据资源环境承载力计算方法，得到肥东县的人口承载力、经济承载力和建设用地规模。在人口承载力上，2020年和2030年分别为179.70万人和281.52万人，而现行《肥东县城总体规划（2015－2030年）》中规划2030年人口为98万人。对比可知，肥东县资源环境人口承载能力远大于规划预期人口，这就表明现行《肥东县城总体规划（2015－2030年）》预期人口不超载。同时，结果还清晰表明了肥东县资源环境的人口承载潜力巨大，具有优越的发展优势。

在经济承载力上，2020年和2030年的GDP分别为1014.81亿元和1992.02亿元。现行《肥东县城总体规划（2015－2030年）》中规划2020年和2030年预期GDP分别为735.41亿元和1678.13亿元。对比可知，肥东县资源环境的经济承载能力都明显大于规划预期，这就意味着肥东县未来经济发展拥有广阔的规模提升空间。

在建设用地规模上，肥东县2020年和2030年的建设用地最大规模为84800.00公顷和117500.00公顷。现行《肥东县土地利用总体规划（2006－2020年）》中规划2020年建设用地为38173.33公顷，对比可知，2020年肥东县建设用地预测远大于规划用地。由于用于建设用地规模预测的人口规模是理论上的预期最大值，因此导致建设用地规模偏大。但是，即使这种理论上的最大值发生时，2020年和2030年的建设用地理论最大规模也仅相当于肥东县域总面积2205.92平方千米的38.44%和53.27%，仍然处于较安全的区间内。

综上，通过肥东县资源环境人口承载力、经济承载力和建设用地规模预测，可知不同情景下资源环境承载状况不同。总体评价结果显示：首先，肥东县资源环境对人口、经济和建设用地的承载空间较为充足，理论上的最大人口规模、经济规模和建设用地规模均比现行规划的预期值较大，肥东未来经济社会发展建设的空间较为广阔，可以承载较高强度的空间开发建设。其次，预测的人口、经济和建设用地的规模为肥东未来国土空间开发和经济社会发展提供了一个警戒线，也即未来发展的峰值界线，由此为发展政策制定和规划决策提供了底线依据。

(3)资源环境承载力空间分区

从资源丰富程度和环境容量两大方面构建指标体系并遴选具体评价指标。具体而言,所构建的指标体系包括一级指标和二级指标,一级指标包括资源丰度和环境容量,资源丰度的二级指标为人均耕地面积、人均水资源量和人均建设用地面积,环境容量的二级指标为人均林地面积、人口密度和城镇化率。同淮北市资源环境承载力综合指数计算方法一样,得到肥东县各乡镇资源环境承载力的综合指数并对其进行大小排序,进一步将肥东县国土空间划分为低承载力空间、中承载力空间和高承载力空间三大类。具体结果详见表 5-4 所列和图 5-27 所示。

**表 5-4 肥东县各乡镇资源环境承载力等级空间划分**

| 排序 | 各乡镇 | 资源环境承载力综合指数值 | 资源环境承载力空间分区 |
|---|---|---|---|
| 1 | 元疃镇 | 0.706 | 高 |
| 2 | 陈集镇 | 0.649 | |
| 3 | 长临河镇 | 0.647 | |
| 4 | 马湖乡 | 0.628 | |
| 5 | 白龙镇 | 0.604 | |
| 6 | 古城镇 | 0.597 | 中 |
| 7 | 杨店乡 | 0.587 | |
| 8 | 桥头集镇 | 0.574 | |
| 9 | 众兴乡 | 0.562 | |
| 10 | 响导乡 | 0.562 | |
| 11 | 八斗镇 | 0.561 | |
| 12 | 撮镇镇 | 0.532 | |
| 13 | 包公镇 | 0.531 | |
| 14 | 梁园镇 | 0.513 | |
| 15 | 张集乡 | 0.513 | |
| 16 | 石塘镇 | 0.496 | 低 |
| 17 | 牌坊乡 | 0.483 | |
| 18 | 店埠镇 | 0.475 | |

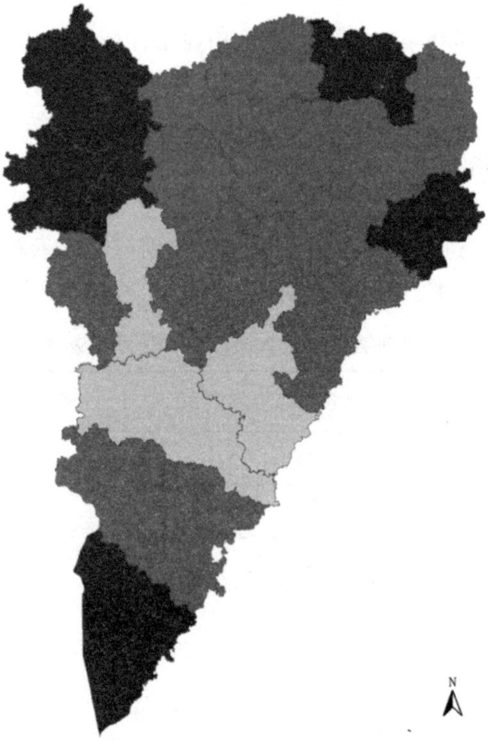


图 5-27　肥东县资源环境承载力空间分区图

肥东县资源环境承载力空间分区图中，浅灰色区域是低承载力分区，中灰色区域是中承载力分区，深灰色区域是高承载力分区。根据评价结果，可知元疃镇、陈集镇、长临河镇、马湖乡和白龙镇属于资源环境承载力高的空间，古城镇、杨店乡、桥头集镇、众兴乡、响导乡、八斗镇、撮镇镇、包公镇、梁园镇和张集乡属于资源环境承载力中等的空间，而石塘镇、牌坊乡和店埠镇则属于资源环境承载力低的空间。从空间布局上看，高资源环境承载力空间主要位于县域的北部和南部，中资源环境承载力空间主要位于县域的北部和南部，低资源环境承载力空间主要位于县域的中部。总体上，高、中、低三类承载力空间形成了“一心，两片，四块”的基本格局。其中，“一心”即位于县域中心区域的低承载力空间，“两片”是紧邻一心的南北两大中承载力空间，“四块”即四个高承载力空间斑块。

在不同承载力等级的空间管控上，高承载力空间适宜高强度、大规模开发建设，可以承载更多的产业和人口，能成为未来肥东县国土空间开发的主阵地。中承载力空间可以进行适度的具有一定强度、规模的开发建设。低承载力空间应区别对待，对于其中的城镇建成区仍可以开发建设，但应以优化提升完善为主，而其余地区则应限制开发和建设，以保护性发展为主。

5.3.2.2　国土空间开发适宜性评价

按照科学性、系统性、可比性、可获得性等基本原则，考虑到肥东县生态系统的特点和肥东县经济社会发展的总体情况，选取地形因子、水体因子、土地利用现状因子、风景区因子等四大指标进行生态敏感性分析，选取道路交通、建成区规模、人口密度、经济水平等四大指标进行经济社会适宜性分析。同时，对一级指标进行细化，得到更为详细的二级指标，由此得到具体的、可实际测度的指标体系，具体见表 5-5 所列。

**表 5-5　肥东县国土空间开发适宜性评价指标体系**

| 类别 | 一级指标 | 二级指标 |
|---|---|---|
| 生态敏感性 | 地形 | 坡度 |
| | | 高程 |
| | 水体 | 湖泊和水库 |
| | | 河流沟渠 |
| | 土地利用 | 基本农田 |
| | | 生态公益林 |
| | | 林地，园地 |
| | | 特殊用地 |
| | 风景区 | 风景区本体 |
| | | 风景区保护区 |
| 经济社会适宜性 | 道路交通 | 高速铁路 |
| | | 高速公路 |
| | | 铁路 |
| | | 国道、省道 |
| | | 其他公路 |
| | 建成区规模 | 中心城区 |
| | | 乡镇 |
| | 人口规模 | 乡镇人口密度 |
| | 经济规模 | 乡镇经济发展 |

(1)生态敏感性评价

根据生态敏感性分析方法和步骤，对肥东县的生态敏感性进行全面而系统的计算和评价。具体方法流程与淮北市生态敏感性评价基本相似，此处不再赘述。首先进行单因子生态敏感性分析，然后再对单因子评价结果进行综合集成分析，得到肥东县的生态敏感性评价结果如图 5-28 所示。总体上，肥东县的山脉、河流、水库、保护区等构成了最高等级的生态敏感性区域。这些区域将成为肥东县的生态红线地区，也就是禁止一切形式的城镇化和工业化开发，将永久作为肥东县的生态本底区，是进行生态保育、涵养的“源”和“汇”,从而为肥东县保留并传承好“绿水青山”这一最关键的生态资源、为肥东县国土空间的可持续发展奠定坚实基础。进一步,根据肥东县生态敏感性评价结果,把肥东县域空间按生态敏感性大小分为五个等级,分别为极高敏感性、高敏感性、中敏感性、低敏感性和极低敏感性。总体上,极高和高敏感性主要集中在东部的山地、林地等区域,中敏感性主要分布在县域的中部地区,而低和极低敏感性则主要包括以店埠镇、撮镇镇为中心的周边地区。在面积规模上,极高敏感性地区面积为486.21平方千米,占县域总面积的22.04%;高敏感性地区面积为1190.51平方千米,占县域总面积的53.97%;中敏感性地区面积为174.39平方千米,占县域总面积的7.91%;低敏感性地区面积为263.03平方千米,占县域总面积的11.92%;极低敏感性地区面积为91.78平方千米,占县域总面积的4.16%。

图5-28　肥东县生态敏感性评价结果

(2)经济社会适宜性评价

根据经济社会适宜性分析方法和步骤,对肥东县的经济社会适宜性进行全面而系统的计算和评价。首先对各个二级指标的适宜性等级进行分等定级,进而对其进行综合集成，得到四个一级指标的适宜性分析结果，最后按照线性加权求和方法对四个一级指标进行综合计算，由此得到最终的肥东县经济社会适宜性评价结果，具体如图 5－29 所示。

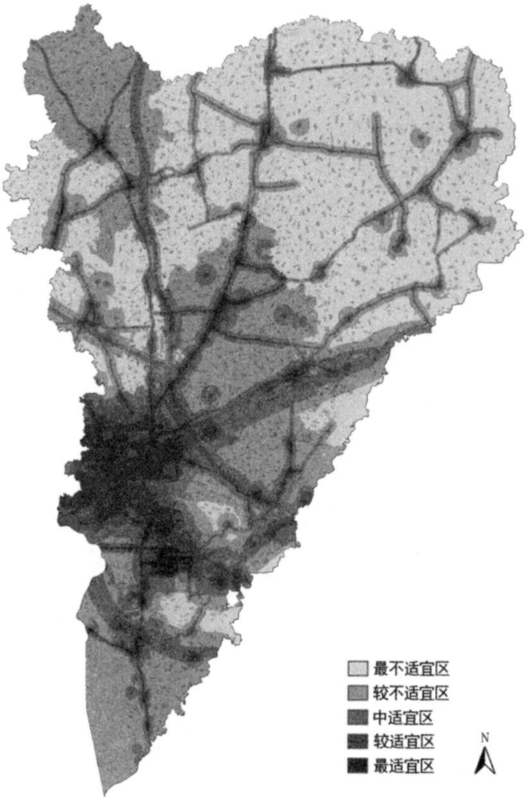


图 5－29 肥东县经济社会适宜性评价结果

总体上，肥东县的各个乡镇建成区、主要交通廊道、人口经济规模大的地区构成了经济社会发展的高适宜区域。这些区域将成为肥东县经济社会发展的增长极核，也是肥东县产业发展、城镇化发展的主要承载地。进一步，根据肥东县经济社会适宜性评价结果，把肥东县域空间按经济社会适宜性大小分为五个等级，分别为最适宜区、较适宜区、中适宜区、较不适宜区和最不适宜区。最适宜区和较适宜区主要集中在店埠镇、撮镇镇、桥头集镇等三个镇，其构成了肥东县域中最大的适宜性空间集中区。其他如梁园镇、长临河镇、石塘镇等乡镇的建成区及其周边地区、重要交通干线及其两侧地区也都是适宜性较高的地区，而较不和最不适宜性地区主要包括北部的各个乡镇。

在面积规模上，最适宜区面积为 124.73 平方千米，占县域总面积的 5.65%；较适宜区面积为 193.98 平方千米，占县域总面积的 8.79%；中适宜区面积为 401.85 平方千米，占县域总面积的 18.22%；较不适宜区面积为 713.27 平方千米，占县域总面积的 32.33%；最不适宜区面积为 772.09 平方千米，占县域总面积的 35.01%。

(3)综合评价结果

按照国土空间开发适宜性评价模型和计算公式，对生态敏感性和经济社会适宜性进行集成，得到肥东县国土空间开发适宜性评价的最后结果。根据评价结果，结合肥东县国土空间的总体特点，参考主体功能区的划分方式，把肥东县国土空间划分为四类适宜性分区，即最不适宜区、较不适宜区、较适宜区和最适宜区，具体如图 5-30 所示。

图 5-30　肥东县国土空间开发适宜性评价结果

最不适宜区：面积为485.41平方千米，占县域总面积的22%。包括：河流、湖泊、水库、风景区、保护区、生态公益林等生态空间。这部分应作为禁止开发区，也就是应划为生态空间。最不适宜区主要包括三个部分：首先是最南部的巢湖水域及其核心缓冲区；其次是东部的山脉地区，这些地区海拔高，坡度大，山高林密，自然生态条件优越，同时经济社会发展水平较低，道路交通条件也相对不足，因此被划为最不适宜开发的国土空间类型；最后，最不适宜区还包括了水库、河流、沟渠、大面积坑塘的水体本体，这些重要的生态要素构成了宝贵的水资源体系，也应被划入最不适宜区。进一步分析，最不适宜区应作为国土空间中的禁止开发区，是刚性的生态控制线和关键自然资本集聚区，是肥东县实现可持续发展的生态基础和维护生态环境基底的“源”和“汇”，应作为生态保育、修复和涵养地区，不得突破进行城镇化、工业化发展。

较不适宜区：主要分布在最不适宜区的周边地区，如保护区、水体的核心缓冲区等，同时还包括基本农田和一般农用地如园地、茶园等。较不适宜区的面积为1272.06平方千米，占比57.67%。较不适宜区应作为限制开发区域。限建区是一类特殊的空间管控分区，是介于适建区和禁建区之间的一类过渡地区。本质上，限建区是一种生态缓冲区域，限制建设意味着可以在严格的条件下进行适度开发建设，也即要在严格许可条件下适度利用。但是，从当前生态文明建设的时代背景出发，限建区通常不应作为建设用地，除非特殊情况不得安排建设项目，从而实现最大限度保护生态环境的目的。

较适宜区：主要是最适宜区的周边地区，包括建成区的周围、主要交通干线的周围等。较适宜区的面积共125.82平方千米，占比5.7%。总体上，较适宜区是一种建设用地的备选空间，一般情况下不宜首先开发使用。同时，较适宜区的特点还在于其能为城镇空间的拓展提供一个明确的边界，也就是说其和最适宜区可以共同构成城镇空间及其开发边界。

最适宜区：面积为322.63平方千米，占比14.63%，主要包括中心城区和主要乡镇（撮镇镇、桥头集镇、长临河镇、梁园镇、石塘镇）的建成区、重要交通干线及其核心缓冲区等。在空间上，以中心城区为核心，沿着101省道向北、合宁高速向东北、淮南铁路向东南形成了三条适宜性空间集聚带。这些最适宜的空间必然将成为未来肥东县城镇化发展的主阵地，可以集聚更多的产业和人口，由此形成肥东县的主体城镇空间。

### 5.3.3　肥东县国土空间规划总则

（1）规划期限

规划期限为2017～2030年。其中，近期为2017～2020年；远期为2021～

2030 年。

（2）规划范围

规划范围为肥东县全部行政管辖区，共包括 18 个乡镇，总面积 2205.92 平方千米。

（3）规划作用

规划是肥东县人民政府实施空间管理、合理配置空间资源、优化城乡空间布局、统筹基础设施和公共服务设施建设的基本依据；肥东县人民政府在审批城乡规划、土地利用总体规划和其他空间性规划，进行重点区域空间管制、重大项目选址时，应当符合本规划。

肥东县所辖乡镇人民政府在编制城镇总体规划及其他各类空间性规划时，应落实本规划的有关指标管控要求。县直各部门在制定各类空间性规划时，应以本规划为指导，衔接落实本规划的内容和要求。

（4）指导思想

全面贯彻党的十九大精神，深刻领会和全面贯彻习近平新时代中国特色社会主义思想，紧紧围绕统筹推进“五位一体”总体布局和协调推进“四个全面”战略布局，紧密对接“两个一百年”奋斗目标，坚持以人民为中心的发展思想，牢固树立创新、协调、绿色、开放、共享的发展理念，转变城市发展方式，优化完善城市功能，坚持城乡统筹，落实乡村振兴战略。全面摸清每一寸国土空间的本底条件和适宜用途，科学划定空间格局和功能分区，整合制定综合空间管控措施，优先构建交通等基础设施网络框架，有机叠加各类空间开发利用布局，系统整合各类空间性规划核心内容，编制形成融发展与布局、开发与保护为一体的“一本规划、一张蓝图”。

（5）基本原则

生态优先。按照应保尽保、宁多勿少的原则划定生态保护红线，按照最大限度保护生态安全、构建生态屏障的要求划定生态空间，在确保生态功能不降低、面积不减少、性质不改变的基础上科学谋划国土空间开发格局。

优化结构。着力调整优化空间结构，提高空间利用效率。落实主体功能定位，扩大自然生态空间，严格控制城镇空间特别是城镇工业空间规模。适应人口城镇化发展需要，增加城镇生活空间，减少农村建设空间。

强化管控。合理确定城镇、农业、生态三类空间，科学测算总体开发强度，将国土空间开发限制在资源环境承载力之内。建立三类空间开发强度控制体系，注重空间边界和主要控制线落地，强化空间管控。

统筹协调。以空间规划底图为基础框架，统筹各类空间开发布局，整合各类空间性规划核心内容，实现发展与布局、开发与保护相协调。统筹以人定地与以产定地，合理确定开发强度。统筹刚性与弹性，提升空间管控效率。

### 5.3.4 肥东县国土空间发展战略

#### 5.3.4.1 战略定位和目标

(1)战略定位

根据相关规划和肥东县自身条件,规划肥东县的战略定位是:长三角世界级城市群合肥副中心城市的东部门户,合肥都市区东部现代服务业中心,合肥主城区东部产业高地。

县中心城区是肥东政治、经济、文化中心,合肥东翼高端产业和创新产业基地,合肥东部现代服务业中心,沪宁合商贸物流枢纽以及合肥都市区山水文化旅游基地。

为了实现上述战略定位,规划提出了具体的发展战略,具体如下:

生态保障战略,建设生态安全保障的新网络。围绕合肥建设"一岭、两廊、四楔"区域生态格局,对县域内山体、分水岭、水系、水库、湿地等高敏感生态空间进行保护与控制,构建"一岭一渠、沿山沿湖"的基本生态空间格局,合理划定生态控制分区,引导城镇建设空间、绿色生态空间的相生共荣。

市县互融战略,构建区域一体发展的新格局。全面提高区域交通一体化水平,重点加强主城区内道路网、轨道、BRT 等的对接,进一步提升县域北部与东部乡镇交通可达性。构建合肥主城区与肥东片区等高对接的市县发展新格局,确保实现市县同城化发展。

三产同步战略,激发产业联动发展的新活力。一产促联动,加快各类现代农业示范区建设,发展都市现代农业。二产促升级,通过更新、转移、共建,推动三大产业园区提档升级。三产促融合,加速生产制造与信息技术融合,建设集聚示范区、互联网生态产业园等现代服务业基地。

创新驱动战略,开辟县域核心竞争的新动力。肥东经开区开展区域合作,主导产业由传统制造向高端装备制造升级。安徽合肥商贸物流开发区引入物联网产业,发展服务全市、面向全国的第三方物流。合肥循环经济示范园皖江新材料产业基地拓展产业价值链,发展智能制造、信息服务等产业。

文化助推战略,彰显地域人文魅力的新内涵。以瑶岗村渡江战役总前委旧址、青龙厂新四军抗日纪念馆为基地,传播爱国主题和红色文化。以巢湖、岱山湖以及四顶山、白马山、浮槎山等山水资源拓展环湖主题和绿色文化。以包公宗祠、准提庵、吴氏旧居、百年邮政、留真照相馆、东巷榨油坊、六家畈古民居群、大陈墩遗址、龙城遗址等历史资源,弘扬人文主题和历史文化。

(2)发展目标

规划至 2030 年,肥东县要逐步形成合理的国土空间开发保护格局,经济产业布局更加集中,资源利用更加高效,生态环境更加安全,开发秩序更加规范,城乡基本公共服务更加均衡,基本实现人口分布与经济布局、资源环境相协调,全面提升可持续发展能力,建成富有魅力的合肥都市圈东部中心城市。

5.3.4.2 指标体系

肥东县国土空间规划的指标体系重点从经济社会和生态环境方面构建,具体包括人口经济社会发展、城镇化与空间利用、生态建设与资源环境保护三大类别,每个类别下面又设置了若干个可考核、可比较的具体量化指标。整个指标体系共18项指标,其中约束性指标8项,预期性指标10项,具体见表5-6所列。

**表5-6 肥东县域发展指标体系一览表**

| 类别 | 指标 | 现状值 | 目标值 | | 备注 |
|---|---|---|---|---|---|
| | | | 2020年 | 2030年 | |
| 人口经济社会发展 | 县域户籍人口规模(万人) | 105.3 | 107 | 113 | 预期性 |
| | 县域常住人口规模(万人) | 87.2 | 91.5 | 98 | 预期性 |
| | 城镇常住人口规模(万人) | 44.47 | 54.9 | 66.64 | 预期性 |
| | 县城常住人口规模(万人) | 25 | 30 | 40 | 预期性 |
| | 地区生产总值(亿元) | 481.73 | 900 | 1720 | 预期性 |
| | 粮食总产量(万吨) | 71.6 | 74.8 | 78 | 预期性 |
| 城镇化与空间利用 | 常住人口城镇化率(%) | 51 | 60 | 68 | 预期性 |
| | 户籍人口城镇化率(%) | 23 | 35 | 48 | 预期性 |
| | 县域建设用地总规模(平方千米) | 319.01 | 330.74 | 330.74 | 约束性 |
| | 城镇建设用地规模(平方千米) | 52.59 | 109.15 | 126.90 | 约束性 |
| | 县域国土开发强度(%) | 14.46 | 14.99 | ≤15 | 约束性 |
| | 公路与铁路网密度(千米/平方千米) | 0.18 | 0.22 | 0.28 | 预期性 |
| | 县域耕地保有量(平方千米) | 1217.52 | 1216.87 | 达到市控 | 约束性 |
| 生态建设与资源环境保护 | 县域森林覆盖率(%) | 28.1 | ≥31 | >31 | 预期性 |
| | 城镇污水集中处理率(%) | >90 | 100 | 100 | 约束性 |
| | 城镇生活垃圾无害化处理率(%) | 75 | 100 | 100 | 约束性 |
| | 城镇人均公共绿地面积(平方米) | 10.17 | 12 | 15 | 约束性 |
| | 集中式饮用水水源水质达标率(%) | 65 | 100 | 100 | 约束性 |

规划至2020年末,县域户籍人口107万人,常住人口91.5万人,其中城镇常住人口54.9万人。规划至2030年末,县域户籍人口113万人,常住人口98万人,其中城镇常住人口66.64万人。规划至2020年末,县域建设用地规模为330.74平方千米。按照建设用地零增量的思路要求,规划至2030年末,县域建设用地规

模仍控制为 330.74 平方千米。

5.3.4.3 空间结构

(1)县域空间结构

规划到 2030 年,肥东县形成"一核,两轴,五区"的县域空间发展格局。其中,"一核"即中心城区,包括老城区、经开区、撮镇镇区、商贸物流开发区、循环经济示范园。"两轴"即依托包公大道、合宁高速、合宁城际铁路形成合宁发展轴,依托裕溪路、合马路、合马城际铁路形成合巢芜(马)发展轴。"五区"即江淮分水岭及滁河干渠生态控制区、北部现代农业发展区、合肥主城区肥东片区、南部临巢湖旅游休闲区、东部沿山绿色健康生态区。具体的县域空间结构如图 5-31 所示。

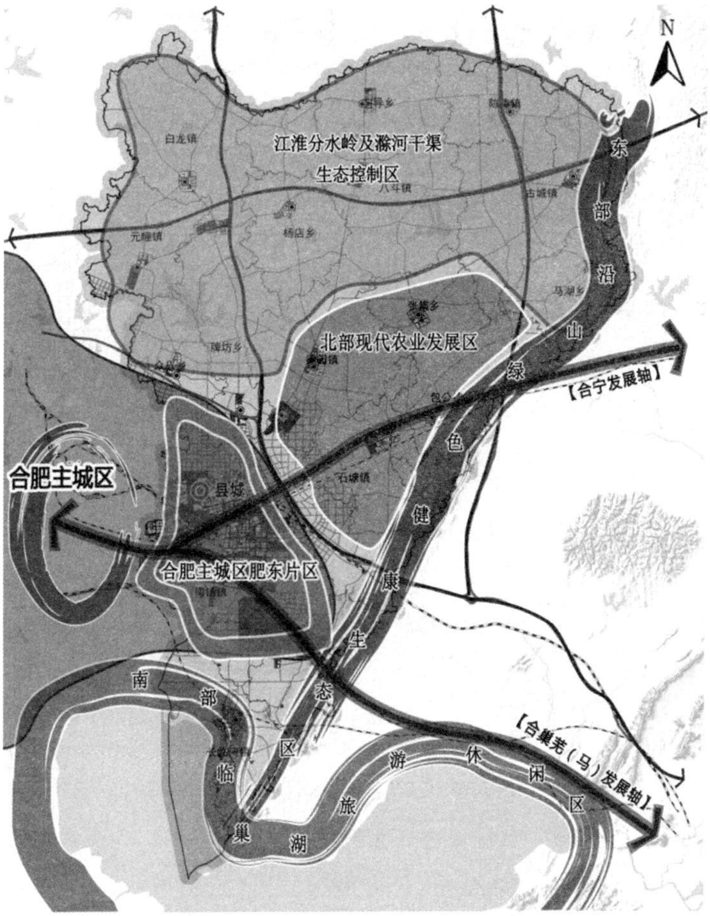


图 5-31 肥东县域空间结构规划图

肥东县的主要生态资源要素包括巢湖风景名胜区核心区,众兴水库、岱山水库、管湾水库、袁河西水库等大型水体及重要的水源地一、二级保护区，南淝河、店埠河、滁河、池河四条干流及支流沿线的汇水区，滁河干渠、驷马山干渠、龙栖地湿地公园，四顶山、白马山、龙泉山、浮槎山、岱山等自然山体等。基于这些生态要素的空间分布，规划提出了肥东县基于“478”的生态空间结构。

4条生态廊道：江淮分水岭生态廊道，滁河干渠生态廊道、东部山脉生态廊道、环巢湖生态廊道。

7条风景绿道：滁河干渠“自然生态”风情绿道、环巢湖“金项链”景观绿道、东部“山野风光”康体绿道、店埠河“城市滨水”休闲绿道、沙河“碧水田园”野趣绿道、袁河西水库“湖光潋滟”生态绿道、长临河镇—白马山“古径通幽”骑行绿道。

8个重要生态节点：巢湖风景名胜区、浮槎山森林公园、白马山景区、众兴水库、管湾水库、袁河西水库、岱山水库、龙栖地湿地公园。

(2)城乡居民点等级规模

规划形成“城区—重点镇—一般乡镇—新型农村社区”的镇村等级结构，详见表5-7所列。

**表5-7 肥东县城乡居民点规模等级一览表**

| 规模等级 | 名称 | 城镇人口 |
|---|---|---|
| Ⅰ型小城市 | 县城 | 40万人 |
| 重点镇 | 撮镇镇 | 5万—15万人 |
| | 梁园镇 | 1万—4万人 |
| | 长临河镇 | 1万—3万人 |
| | 桥头集镇 | 1万—2万人 |
| | 石塘镇 | 1万—2万人 |
| 一般镇(乡) | 白龙镇 | <1万人 |
| | 元疃镇 | |
| | 陈集镇 | |
| | 包公镇 | |
| | 古城镇 | |
| | 八斗镇 | |
| | 杨店乡 | 3000—5000人 |
| | 响导乡 | |
| | 张集乡 | |
| | 马湖乡 | |
| | 牌坊乡 | |
| | 众兴乡 | |
| 新型农村社区(中心村) | 166个 | / |

### 5.3.5 肥东县国土空间管控体系

#### 5.3.5.1 三类空间划分

依据上述资源环境承载力和国土空间开发适宜性两项基础评价，结合肥东县城市空间发展战略，充分考虑肥东县地形地貌、自然条件等因素，规划划定肥东县城镇、农业和生态三类空间，具体如图 5－32 所示。

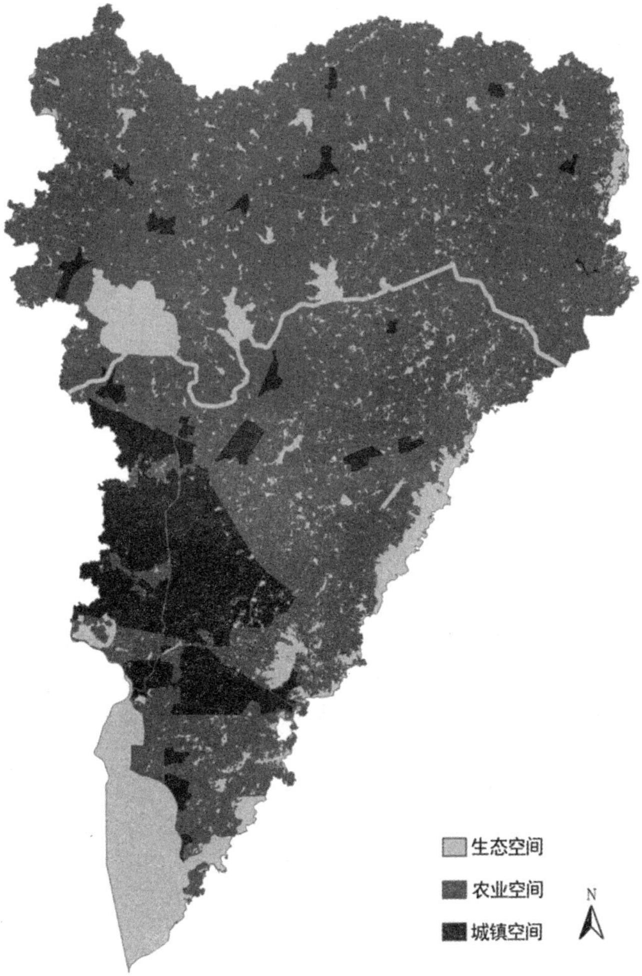


图 5－32 肥东县三类空间规划图

(1)城镇空间

城镇空间包括县城与各城镇、产业集中区、独立工矿、城镇周边区域交通用地及城市发展后备用地等。至 2030 年，肥东县城镇空间面积为 285.80 平方千米，占县域总面积的12.96%。城镇空间是肥东县空间开发的主阵地,也是不断获得人造资本的物质空间基础,因此,其空间开发主调是保建设,由此不断扩大肥东县经济规模,为提升城市能级、平衡内部地区的发展差异奠定基础。

在空间管控措施上,规划至2030年,肥东县城镇空间开发强度控制在44.40%以下,建设用地规模不超过127平方千米。城镇空间的范围、面积和管控要求,应作为强制性条文纳入城市与乡镇总体规划、土地利用总体规划等法定规划。

城市与乡镇开发边界范围外的城镇空间原则上安排确需布局的重大基础设施用地、工矿用地、特殊用地等,不得进行一般性开发建设。在城市与乡镇开发边界范围外的城镇空间进行建设,应按法定程序与要求进行选址论证。城镇空间严禁村庄新建、扩建,应以城中村改造、旧村改建为主,引导城镇空间内村庄向城镇连片区集中建设,提升城镇风貌。

(2)农业空间

农业空间包括永久基本农田、一般农用地、园地和农村居民点等用地。至2030年,肥东县农业空间总面积为1474.82平方千米,占县域总面积的66.89%。因地形地貌特征,农业空间分布相对集中。作为一个生态弹性控制地区,农业空间的开发主调是限性质。对于肥东县来说,目前适宜于大规模空间开发的地区不多,因此,农业空间更应作为一个生态缓冲区,从而更多地保护肥东县的自然生态本底。即使必须有项目建设,则要严格限制建设项目的性质,可以适当安排无污染、高效率、低能耗的产业项目。

在空间管控措施上,规划至2030年,肥东县农业空间开发强度控制在13.44%以下,建设用地规模不超过198.2平方千米。要禁止基本农田违法转为城镇建设用地。如因国家能源、交通、水利、军事设施等重点建设项目确需占用基本农田选址建设的,应按法定程序对基本农田进行调整。基本农田调整应按占补平衡原则,确保不降低总量指标。严格控制占用一般农用地进行城镇建设。符合选址条件的建设项目,涉及占用一般农用地的,应按法定程序开发建设。现有村庄建设用地,应按照土地利用总体规划和村庄规划予以严格控制。促进村庄建设用地土地整理,强化已废弃村庄建设用地复垦,加快中心村集聚发展,控制自然村庄的无序蔓延。

(3)生态空间

生态空间包括林地、草地、山岭、风景名胜区、水源涵养地、特殊物种保护、巢湖、饮用水源地等重要水系及其周边的沼泽滩涂等。至2030年,肥东县生态空间总面积为445.30平方千米,占县域总面积的20.19%。生态空间是肥东县的关键自然资本,是不可替代的生态要素和实体,因此其空间开发主调是限活动,即禁止任何形式的工业项目建设活动,在确保不污染环境的前提下,可以进行一些公益性的旅游、休闲等生态服务活动。

在空间管控措施上，规划至2030年，肥东县生态空间开发强度控制在2.24%以内，建设用地规模不超过9.97平方千米。要按照国家对生态空间的区域准入和用途转用许可制度要求，严格控制各类开发利用活动对生态空间的占用和扰动，确保依法保护的生态空间面积不减少，生态功能不降低，生态服务保障能力逐渐提高。

禁止生态保护红线范围内的生态空间违法转为城镇建设用地和农业用地。如因国家能源、交通、水利、军事设施等重点建设项目确需占用生态保护红线范围内的生态空间选址建设的，应按法定程序对生态保护红线进行调整。生态保护红线规划调整应开展生态安全性评价，按照法定程序进行调整。

生态空间内的建设活动应符合国家、省环保部门出台的正面清单。符合区域准入条件的建设项目，涉及占用生态空间中的林地、草原等，按有关法律法规规定办理；涉及占用生态空间中其他未作明确规定的用地，应当加强论证和管理。应对依法保护的生态空间实行承载力控制，防止过度垦殖、放牧、采伐、取水、渔猎、旅游等对生态功能造成损害，确保自然生态系统稳定。

5.3.5.2　空间控制线划定

规划划定了肥东县生态保护红线、永久基本农田和城镇开发边界控制线三条基本空间控制线。同时，根据肥东县的现实需求还划定了重要基础设施廊道控制线，形成了基于"3＋1"的县域空间控制线管控体系。

(1)生态保护红线

按照安徽省环保厅组织编制的生态保护红线划定方案，规划至2030年，肥东县生态保护红线区面积为205.54平方千米，占县域土地总面积的9.31%。生态红线地区构成了肥东县的生态本底空间和关键自然资本，并从整体上决定了肥东县的生态格局和质量，应作为城市发展建设的刚性保护区域，要坚决避免"人"进地"退"的进一步加剧，由此为肥东县的可持续发展夯实生态基础。生态保护红线的划定结果详见表5－8所列和图5－33所示。

**表5－8　肥东县生态保护红线统计表**

| 名称 | 面积(平方千米) | 分布区域 |
| --- | --- | --- |
| 众兴水库水源地 | 36.22 | 众兴乡内 |
| 巢湖保护区、滁河干渠、管湾水库、袁河西水库、岱山水库、岱山景区、浮槎山森林公园、龙泉山景区、白马山景区、四顶山景区、高敏感地区(其中水体含其核心区的缓冲区) | 169.32 | 县域内 |

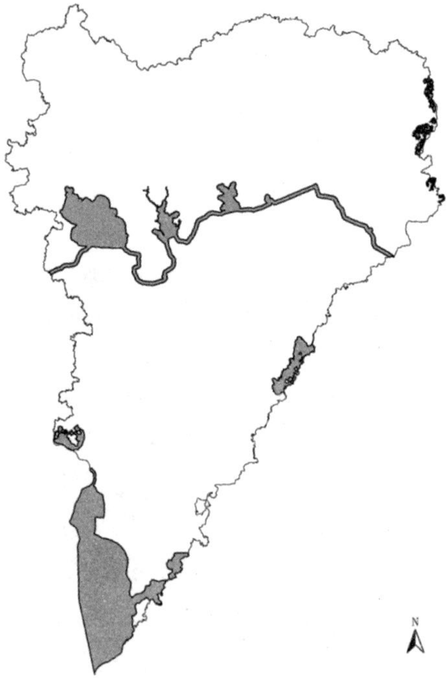


图 5 - 33　肥东县生态保护红线(灰色区域)划定图

生态保护红线范围内生态用地按照禁止开发区域要求进行管理,禁止改变生态用途,禁止进行不符合生态功能要求的各类开发活动。因国家能源、交通、水利、军事设施等重点项目建设需要调整的,按照国家、省有关生态保护红线管理相关规定履行调整程序。

生态保护红线范围内的村庄居民点,应逐步推动生态移民,有序实施人口转移,降低人类活动强度,减少生态压力。生态保护红线范围内对环境有污染的各类产业用地,应逐步实施搬迁,集中布局到城镇产业园区内。严格控制生态保护红线范围内的矿产资源开发、旅游开发、农业生产和其他影响生态的活动,确需开展该类活动的,应按法定程序核准。同时,要尽快实施并完成生态保护红线勘界、定桩工作,明确生态保护红线实地边界,设立生态保护标志。

特别是生态保护红线作为另一条国家战略层面上的控制线,具有重大意义。为此,规划着重强调了生态保护红线的空间管控措施。首先,在当前生态文明建设正在向纵深方向加速推进的时代背景下,生态红线地区要禁止任何形式的工业项目和一切"以保护之名,行开发之实"的建设活动,坚决杜绝发生"重经济发展,轻生态保护"的现象,切实树立"绿水青山就是金山银山"的新理念,由此为全面协调可持续发展奠定生态本底空间。

其次,为保证生态红线地区空间开发的具体落实,必须要在国土空间规划体系中得到贯彻和明确。具体而言，要把划定生态红线作为一个强制性规划内容，同时要把生态红线内的用地作为一种特殊用地形式予以明确。在详细规划阶段，要发挥好规划的刚性控制和弹性引导作用，既要给出生态红线地区的空间坐标位置和各类建设开发的强制性控制指标要素，又要提出建设风格、风貌等引导性要素，由此为空间开发活动提供具体指导。

最后，要尽快制定《肥东县生态保护红线管控办法》。办法要界定好生态红线的总体定位和价值意义，明确生态红线的管控原则和管控内容、调整与维护机制、实施奖惩措施等内容，由此形成系统的国土空间生态红线管控体系，进而为生态红线管控的具体落实提供政策依据和保障。

(2)永久基本农田控制线

根据原国土部门下达的指标要求，规划至2020年永久基本农田面积为1048.05平方千米，占县域国土面积的47.51%。规划至2030年的永久基本农田保护目标原则上不低于2020年保护目标，仍以1048.05平方千米控制。2020年以后，若国家政策或自然资源部门有特殊要求的，则应按照最新要求调整保护目标。永久基本农田控制线划定结果如图5-34所示。

图5-34 肥东县永久基本农田控制线(灰色区域)划定图

在管控措施上,不得占用永久基本农田,不得改变永久基本农田的农业生产用途。国家能源、交通、水利、军事设施等重点建设项目选址确实无法避开永久基本农田而需要占用永久基本农田的,必须依法依规报批。

要禁止在永久基本农田范围内建窑、建坟、挖砂、采石、采矿、取土、堆放固体废弃物或者进行其他破坏永久基本农田的活动,禁止占用永久基本农田发展林果业和挖塘养鱼。永久基本农田不得闲置、荒芜,承包经营永久基本农田连续两年弃耕抛荒的,应当终止承包合同,收回发包的永久基本农田。最后,应对永久基本农田环境污染进行监测和评价,永久基本农田范围外的各项建设和活动不得对其造成环境污染。

(3)城镇开发边界控制线

为合理引导城镇发展,有效保护耕地和生态安全,基于资源环境承载力和空间开发适宜性评价结果,结合地形条件、自然生态等要素划定肥东县城镇开发边界。中心城区及各个镇区应划定城镇开发边界,作为指导规划期内城镇规划建设的依据。

规划至 2030 年,肥东县城镇开发边界内的国土总面积为 26891.13 公顷。其中县城开发边界内的面积为 10293.66 公顷,其余乡镇开发边界内的面积为 16597.47 公顷。具体详见表 5 - 9 所列和图 5 - 35 所示。

**表 5 - 9 肥东县城镇开发边界一览表**

| 乡镇名称 | 行政区总面积(公顷) | 开发边界面积(公顷) |
|---|---|---|
| 店埠镇(县城) | 17184 | 10293.66 |
| 撮镇镇 | 11634 | 6255.75 |
| 桥头集镇 | 11731 | 2801.96 |
| 梁园镇 | 16170 | 1130.35 |
| 长临河镇 | 15668 | 757.81 |
| 石塘镇 | 12543 | 375.16 |
| 古城镇 | 19077 | 158.29 |
| 八斗镇 | 17973 | 384.81 |
| 元疃镇 | 8991 | 494.32 |
| 白龙镇 | 18578 | 540.16 |
| 包公镇 | 13427 | 232.19 |
| 陈集镇 | 8384 | 147.26 |
| 众兴乡 | 7325 | 1948.25 |

（续表）

| 乡镇名称 | 行政区总面积(公顷) | 开发边界面积(公顷) |
|---|---|---|
| 张集乡 | 7054 | 96.89 |
| 马湖乡 | 8203 | 82.88 |
| 响导乡 | 9259 | 175.15 |
| 杨店乡 | 8758 | 169.60 |
| 牌坊乡 | 8648 | 846.64 |
| 全县合计 | 220592 | 26891.13 |

图 5－35　肥东县城镇开发边界(粗实线)划定图

城镇开发建设不得突破城镇开发边界。在城镇开发边界外，不得安排城镇建设用地。城镇开发边界外的村庄建设应符合乡镇土地利用总体规划、乡村建设规划相关规定。城镇开发边界外单独选址建设的各类交通工程、防护绿带、管道运输、水利疏浚等线性工程用地，机场、港口、停车场、电力设施（变电站、塔基等）、通信设施（基站等）、地下管线井、污水处理厂、雨污水泵站、加油加气站等点状设施项目，监教设施、特殊医疗、军事及宗教、城市防灾等特殊用地，应尽量避免占用耕地特别是永久基本农田；用地规模与布局应参照相关标准规范，并符合规划指标管控要求。

城镇开发边界的范围、面积和管控要求，应作为强制性条文纳入城市和镇总体规划。因国家、省重大政策变化、上位规划重大调整、重大自然灾害等原因确需修改的，应按照国家、省有关要求进行调整。

(4)重要基础设施廊道控制线

重要基础设施廊道控制线主要是高速公路、铁路、500KV 和 220KV 电力廊道控制线，共计规划了 24 条重要基础设施廊道控制线，包括 4 条高速公路、5 条铁路、4 条 500KV 电力廊道以及 11 条 220KV 电力廊道。

重要基础设施廊道控制线范围内地面空间按照实际用途进行管制。重要基础设施廊道控制线跨城镇开发边界的，廊道控制范围和线内建设要求应符合城市、镇总体规划的规定；跨永久基本农田边界的，规划重点基础设施尽量不占用永久基本农田，确实无法避免的，应按照国家关于永久基本农田的相关政策法规履行审批程序后方可进行建设。重大基础设施廊道控制线内各类基础设施之间的退让距离控制，应符合交通、电力、燃气等部门的法规和行业技术规范的要求。

高压天然气管道廊道控制线范围内禁止种植乔木、灌木、藤类、芦苇、竹子或者其他根系深达管道埋设部位可能损坏管道防腐层的深根植物，禁止取土、采石、用火、堆放重物、排放腐蚀性物质、使用机械工具进行挖掘施工和挖塘、修渠、修晒场、修建水产养殖场、建温室、建家畜棚圈、建房以及修建其他建筑物、构筑物等活动。

高速公路廊道控制线范围内禁止占用、拆除、移动、涂抹、污染、损毁高速公路及其设施，禁止取土、堆放杂物、倾倒垃圾、开沟引水和开山、采矿、爆破等各种影响公路、桥梁安全的活动。

铁路廊道控制线范围内禁止建造建筑物、构筑物，禁止取土、挖砂、挖沟，堆放、悬挂物品，烧荒、放养牲畜、种植影响铁路线路安全和行车瞭望的树木植物，禁止排污、排水，倾倒垃圾及其他有害物质的活动。

高压廊道控制线范围内禁止进行堆放谷物、草料、垃圾、矿渣、易燃物、易爆物及其他影响安全供电的物品，禁止烧窑、烧荒，新建建筑物、构筑物和种植可能危及电力设施安全的植物。

综上,“三区三线”的空间管控要求具体包括生态空间、农业空间、城镇空间的面积及其开发强度以及生态保护红线、永久基本农田控制线、城镇开发边界控制线等 9 项指标,其中 2 项预期性指标、7 项约束性指标,具体见表 5－10 所列。

**表 5－10　肥东县域空间管控指标一览表**

| 指标名称(单位) | 指标 | 指标类型 |
|---|---|---|
| 生态空间总面积(公顷) | 44530 | 约束性 |
| 生态空间开发强度(%) | 2.24 | 约束性 |
| 农业空间总面积(公顷) | 147482 | 预期性 |
| 农业空间开发强度(%) | 13.44 | 约束性 |
| 城镇空间总面积(公顷) | 28580 | 预期性 |
| 城镇空间开发强度(%) | 44.40 | 约束性 |
| 生态保护红线(公顷) | 20554 | 约束性 |
| 永久基本农田控制线(公顷) | 104805 | 约束性 |
| 城镇开发边界控制线(公顷) | 26891.13 | 约束性 |

#### 5.3.5.3 土地用途规划管控

(1)土地用途分类规划

通过对肥东县城总体规划和土地利用总体规划的图斑差异对比分析,并在差异协调的基础上,按照安徽省《市县空间规划编制标准》(DB34/T 5071－2017)对用地分类的要求,完成了肥东县全县域的土地用途规划管控。

规划至 2030 年,肥东县土地总面积 220592.34 公顷,建设用地 33074.85 公顷,占土地总面积的 14.99%。其中,城乡居民点用地 26081.71 公顷,占城乡用地总面积的 11.82%;区域交通设施用地 4083.20 公顷,占城乡用地总面积的 1.85%;区域公用设施用地 1489.72 公顷,占城乡用地总面积的 0.68%;特殊用地 403.55 公顷,占城乡用地总面积的 0.18%;采矿用地 452.16 公顷,占城乡用地总面积的 0.20%;旅游管理与服务及其他建设用地 962.23 公顷,占城乡用地总面积的 0.44%。

非建设用地 18751.49 公顷,占城乡用地总面积的 85.01%;其中水域 15641.69 公顷,占城乡用地总面积的 7.09%;农林用地 171755.98 公顷,占城乡用地总面积的 77.86%;其他非建设用地 155.30 公顷,占城乡用地总面积的 0.07%。具体的土地用途规划详见表 5－11 所列。

**表 5－11　肥东县域土地用途规划汇总表**

| 类别代码 | | | 类别名称 | 用地面积（公顷） | 占比（%） | 用地面积（公顷） | 占比（%） | 用地面积（公顷） | 占比（%）） |
|---|---|---|---|---|---|---|---|---|---|
| 大类 | 中类 | 小类 | | 现状 | 现状 | 2020 年 | 2020 年 | 2030 年 | 2030 年 |
| H | | | 建设用地 | 31901.75 | 14.46 | 33074.85 | 14.99 | 33074.85 | 14.99 |
| | H1 | | 城乡居民点建设用地 | 26626.88 | 12.07 | 26720.69 | 12.11 | 26081.71 | 11.82 |
| | | H11 | 城市建设用地 | 2279.30 | 1.03 | 4085.59 | 1.85 | 4526.32 | 2.05 |
| | | H12 | 镇建设用地 | 2700.43 | 1.22 | 6261.61 | 2.48 | 7322.56 | 3.32 |
| | | H13 | 乡建设用地 | 279.77 | 0.13 | 568.59 | 0.26 | 841.18 | 0.38 |
| | | H14 | 村庄建设用地 | 21367.38 | 9.69 | 15804.9 | 7.16 | 13070.44 | 5.93 |
| | | H15 | 农村集体经营性建设用地 | —— | —— | —— | —— | 321.21 | 0.15 |
| | H2 | | 区域交通设施用地 | 2305.89 | 1.05 | 3704.40 | 1.68 | 4083.20 | 1.85 |
| | H3 | | 区域公用设施用地 | 796.66 | 0.36 | 1209.54 | 0.55 | 1489.72 | 0.68 |
| | H4 | | 特殊用地 | 403.55 | 0.18 | 403.55 | 0.18 | 403.55 | 0.18 |
| | H5 | | 采矿用地 | 1231.16 | 0.56 | 452.16 | 0.20 | 452.16 | 0.20 |
| | H9 | | 旅游管理与服务及其他建设用地 | 537.61 | 0.24 | 584.51 | 0.26 | 962.23 | 0.44 |
| E | | | 非建设用地 | 188690.59 | 85.54 | 187517.49 | 85.01 | 187517.49 | 85.01 |
| | E1 | | 水域 | 15641.69 | 7.09 | 15641.69 | 7.09 | 15641.69 | 7.09 |
| | E2 | | 农林用地 | 172723.86 | 78.30 | 171600.68 | 77.79 | 171755.98 | 77.86 |
| | E9 | | 其他非建设用地 | 325.04 | 0.15 | 275.12 | 0.12 | 155.30 | 0.07 |
| 合计 | | | | 220592.34 | 100 | 220592.34 | 100 | 220592.34 | 100 |

（2）土地用途管控措施

在城镇开发边界内进行规划建设，应符合城镇土地用途规划。若因重要基础设施建设等原因确需调整土地用途性质的，则应按法定程序进行调整。需要特别说明的是，土地用途调整原则上应确保城镇各功能分区主导功能不改变。

在风景名胜区范围内的村庄建设用地，若同时符合风景名胜区总体规划和土地利用总体规划要求，则可转化为旅游服务设施用地。

严格控制生态用地转换为农用地。若有重大项目需要将一般农用地转换为建设用地的，则应按法定土地利用总体规划的土地用途调整程序执行。

### 5.3.5.4　要素设施配置

（1）产业布局

先进制造业：依托肥东经济开发区和循环经济园区，重点培育高端装备制造、电子信息、光伏及新能源、新材料等战略性新兴产业，壮大机械制造、家用电器、绿色化工、食品加工、钢材深加工等优势产业，提升冶金、轻工、纺织、建材等传统产业。

现代服务业：以县城为核心，依托商贸物流园，重点发展现代物流、金融服务、电子商务、商务服务、科技服务等生产服务业，重点提升现代商贸、乡村旅游、居民服务、房地产等生活服务业。

现代农业：积极发展绿色有机农业、观光体验农业、特色禽畜水产、设施栽培、农产品深加工等都市型农业，发展家庭农场型、土地集中型、合作经营型、统一服务型规模农业。

(2)重大基础设施

交通基础设施：肥东县交通基础设施主要包括城市道路、对外交通、轨道交通和机场等。在城市道路上，规划形成“十二横六纵”的主干路网络。横向(东西向)道路包括：王城路、淮海大道、岱河路、临泉东路、长江东路、长江东大街(新安江路)、瑶岗路、和平路、欧阳修路、繁华大道、石池路、锦绣大道；纵向(南北向)道路包括：祥和路、店忠路、团结大道、四顶山路、佳木路、天工大道。同时，规划落实5条快速路，完善城市道路网络结构。

在对外交通上，要落实国家铁路网规划，新建合宁城际铁路，并在县城设站；新建合芜城际铁路，在县城及撮镇设站；新建合马城际铁路，在撮镇设站；新建商杭高铁，在县城设站；新建合青高速铁路，在八斗镇设站。水运方面要落实合裕线Ⅱ级航道和店埠河Ⅲ级航道；落实东华、店埠、撮镇、循环经济园等4处作业区和长临河、包公桥、红石咀等3处旅游码头。高速公路上要规划完善现状合徐高速、合巢芜高速、合六叶高速，新建合连高速公路。

在轨道交通上，在合肥轨道交通规划基础上，延伸轨道2号线，设祥和路站、桥头集路站、店埠河站和团结大道站。同时，延伸轨道8号线，设东风大道站、撮镇站、店忠路站、瑶岗路站和高铁站站。在通用机场上，规划建设一个通用机场，选址在白龙镇域内，位于合白路与店白路交口西北角。

公用设施：至规划期末，肥东县建水厂16座、污水处理厂21座、110KV变电站19座、220KV变电站17座、500KV变电站2座、港口7个、铁路站点6个。

(3)公共服务设施

公共服务设施是城市改善民生、保障社会公平与稳定发展的重要基础，是实现公共服务均等化的基本手段。为此，规划提出了教育、文化、体育、医疗和社会保障等各类公共服务设施的配置要求。

教育设施：新建幼儿园14所；近期改扩建小学3所，至远期新建小学11所；近期原址扩建肥东六中初中部、红旗学校初中部、肥东三中，迁建肥东四中，至远期新建初中4所。

文化设施：扩建现状县青少年活动中心；新建科技馆、博物馆、文化馆、图书馆、美术馆，规划艺术馆、妇女儿童活动中心、青少年教育活动中心、文艺培训中心、县旅游集散中心、大剧院、庐剧小剧场、素质教育实践基地等13处文化设施。在肥东经开区都市片区结合工业便利中心新建1座综合文化活动中心。对现有33处社区级设施新增多功能活动室、乒乓球活动室、图书及棋牌室、辅导培训室等文体功能。

体育设施：将老城体育中心提升成为老城全民健身中心；将结合一中新校区建设的县体育场、县体育馆打造为县体育中心；在高铁站南规划新建肥东县全民健身中心；结合南部片区建设体育中心，列入远期建设计划。规划新建1处体育运动公园，结合城市绿地分片区建设4座县级体育公园。

医疗设施：保留现状肥东县人民医院、东泰纺织医院、东城医院、安贞医院，新建肥东县第一人民医院新区。保留现状肥东县第三人民医院、妇幼保健院；肥东县第三人民医院增加老年康复中心大楼，升级改造为二级甲等医院；妇幼保健院升级改造为二级甲等医疗保健机构。保留现状县中医院，新建县中西医结合医院(优质医疗园区)。保留现状城乡居民合作医疗管理中心、卫生监督所、妇幼保健所、血站、计划生育站、疾病预防控制中心。新建县公共卫生服务中心、县急救中心、县食品药品安全检验中心、县体检中心和县消毒供应中心。提升店埠镇社区卫生服务中心为中心卫生院，新建肥东县老年护理院。

社会保障设施：新建1座公办示范性养老公寓，45处居家养老服务站，1处社会养老设施。扩建肥东县残疾人康复中心，新建1处县级残疾人托养服务中心、残疾人辅助器具适配中心，新建45处残疾人日间照料服务点。

### 5.3.6 肥东县国土空间规划实施

#### 5.3.6.1 动态项目库建设

在《肥东县国民经济和社会发展第十三个五年规划纲要》的项目库基础上，本次国土空间规划项目类型分为道路交通、生态文化旅游、环境治理、拆迁安置、农业水利、社会事业、公用工程等类别，共计173项。其中，对已确定位置、规模等信息的项目，结合城市近期建设规划进行分类标注，同时，要做好入库项目的审核、管理和更新。项目库每年定期维护一次，对在库项目进展情况进行动态更新。

要根据项目库制订建设项目年度计划，形成年度项目建设清单，进一步提交相关负责部门，落实项目空间位置、更新用地红线、确定规划控制指标以及制定项目用地安排，从而保障规划实施和项目落地。

#### 5.3.6.2 实施建议措施

(1)相关规划衔接要求

城市、乡镇法定总体规划应严格按照本规划要求，将城镇建设用地控制在城镇开发边界以内；各类城镇建设用地指标应符合本规划提出的要求。本规划中落实的永久基本农田应作为各部门规划的底线控制要求，严格保护，只可扩大、不得侵占或改变其用途。2030年的永久基本农田划定工作，可根据指标下达要求进行优化，确保完成耕地保护任务。

(2)实施方案制订

制订肥东县国土空间规划年度实施计划，建立责任机制，将国土空间规划实施列入政府年度考核。同时，建立国土空间规划实施评估制度，加强规划实施的动态监测，进一步完善规划调整机制。要构建肥东县“1+X”的国土空间规划体系，其中，“1”即肥东县国土空间规划，明确其作为指导全县国土空间保护与开发的战略性、纲领性、约束性规划的核心地位。“X”是落实县国土空间规划的下一层级专项规划、实施性方案或行动计划，同时，“X”的编制必须以县国土空间规划为依据。

# 6 结束语

国土空间规划具有宏大而深刻的时代背景,是实现自然资源部“统一行使全民所有自然资源资产所有者职责”历史使命的战略部署,在国家规划体系中处于基础性的地位,为国土空间开发与保护提供支撑和约束。但应看到,截至目前尚没有出台有关国土空间规划统一的技术标准和规范,国家和地方都在积极进行探索。基于此,本书大胆以国土空间规划为研究对象,针对“是什么、做什么、如何做”这一关键脉络,深入探讨了国土空间规划的主要内容和技术方法,并以安徽省淮北市国土空间基础评价、肥东县国土空间规划编制为案例,全面给出了评价与规划的过程和成果,由此初步构建了国土空间规划的理论和技术方法体系。这样既可以为丰富国土空间规划理论方法做出些许探索,又能为国土空间规划编制实践提供一定参考。尽管本书在国土空间规划研究和应用上取得了一定进展,但仍存在不足,有待继续深入和完善。

## 6.1 总结

首先,对国土空间规划的时代背景、基本概念、支撑理论进行了总结和分析,进而对国内外的空间规划研究和实践进行了系统梳理,由此明确了国土空间规划的重点任务和发展脉络,从而为构建国土空间规划理论和技术方法提供了方向和指南。

其次,尝试构建了国土空间规划的理论和方法体系。在理论上,主要包括:基于“2+3+3+X”的国土空间规划编制总体架构,规划的原则、依据、范围、期限等基本问题,规划内容框架体系,规划成果形式等。在方法上,针对国土空间规划编制中的关键环节,提出了相应的技术解决办法,具体包括:基于“调查—评价—规划”的总体方法流程,资源环境承载力评价方法,国土空间开发适宜性评价方法,三类空间划分方法,三大空间控制线划定方法,基于 GIS 的规划数据处理基本方法等,由此力图为国土空间规划编制提供较系统的技术支撑。

最后,以安徽省淮北市、肥东县为案例进行了实证应用研究。淮北市资源环境承载力评价和国土空间开发适宜性评价详细给出了评价的过程、步骤、结果及其分析，为国土空间规划中的“双评价”进行了探索和尝试。肥东县国土空间规划案例则给出了规划编制的主要成果，包括规划基础评价和国土空间的发展战略、管控体系和规划实施等，由此全面应用了所构建的国土空间规划理论和技术方法，以期为国土空间规划开展提供参考。

## 6.2 展望

长期以来，中国的空间性规划体系制度支撑了国家经济社会的快速发展，但不足和弊端也日益凸显，同一个国土空间上的规划分异、重叠乃至冲突矛盾现象已经深刻影响了国土空间发展和治理的效率。诞生于生态文明建设时代背景下的国土空间规划的历史使命就在于国土空间的“回归”，即重新回到“同一个空间，同一个功能，同一个管控”的道路上来，由此解决空间治理上“政出多门，九龙治水”的问题，为系统保护山水林田湖草“生命共同体”、优化国土空间开发格局、健全国土空间用途管制，进而推进空间治理现代化，构建可持续的美丽国土夯实了体制机制基础。

目前，国家和地方的各级自然资源部门已经完成组建，包括国土空间规划编制实施在内的各项职能正在有序展开。可以预见，国家层面上统一的国土空间规划编制规范和技术标准也会陆续出台，必将为全国范围内开展国土空间规划提供科学的依据和指导。本书研究正是在这一背景下进行的，所构建的国土空间规划理论和技术方法仍需要实践的检验，未来仍可以在以下方面进行深入探讨。

(1)完善“双评价”的技术方法

“双评价”是国土空间规划的前提和基础，在国土空间规划编制中发挥着关键支撑的作用，评价结果的科学性、合理性、有效性将直接影响着后续的规划布局。但是，“双评价”恰恰又存在着技术上的诸多难点，甚至在概念内涵、评价体系上仍有学术争论，例如在指标体系选择、指标权重计算以及指标集成上尚没有统一的标准和方法。从另一方面看，中国国土面积广阔，区域差异明显，似乎又不能“一刀切”而采取全部一样的指标和方法，因此，因地制宜、以省级行政区为单位做到评价技术方法的统一应较为可行。但不管如何，尽快深化“双评价”的技术方法、提高评价的科学性与精确性应是下一步国土空间规划工作的重要内容。

(2)丰富国土空间规划理论方法体系

理论来源于实践又指导实践，构建新时代具有中国特色的国土空间规划理论方法体系将是未来的一个重要工作，也是开展国土空间规划编制、实施的基础。首先，如何衔接和理顺国土空间规划与法定的城乡规划、土地利用总体规划之间的关系，如何继承和整合城乡规划、土地利用总体规划中的合理成分，都需要进行深入的理论梳理和分析。其次，不同层级、全覆盖的国土空间划分体系（用地分类）仍需深入探索，城镇、农业和生态空间虽提供了一个基本空间框架，但在实践中仍有问题，例如城市中存在的大面积水体、公园在逻辑上也可以作为生态空间，由此将导致城镇空间和生态空间存在交叉重复；又如铁路、公路等线状交通用地会穿越城镇、农田、森林、山脉等城镇、农业和生态空间，此时其如何归类、如何统计面积指标都存在疑问；再如农业空间和生态空间的关系在部分要素上存在模糊，举例来说，果树茶树等林地也属于广义上的农业生产范畴，但作为林地又具有生态功能，因此有必要搞清楚农业区和生态区的关系。第三，在"三区三线"的划分方法上，仍需要深入挖掘，特别是如何根据"双评价"的结果进行划分是一个必须得到统一和解决的问题，否则将会导致"双评价"与"三区三线"形成两张皮而各做各的，这显然不符合国土空间规划的初衷。最后，国土空间规划编制的内容需要规范，至少要在国家层面上确定一个最基本的内容框架，各个地区可以在这个基本框架上根据自身特点和需求增加内容，由此形成大统一、小差异的编制内容体系。

（3）加强规划实践

未来随着国土空间规划在全国范围内的展开，组织国土空间规划编制将成为各级自然资源部门的一项重要工作。但作为一个新事物，特别是在理论方法上仍需完善的规划新类型，实践的重要性不言而喻，只有通过实践才能检验国土空间规划理论方法的适应性、可行性和精确性，才能进一步发现问题进而解决问题，由此推动国土空间规划理论方法体系得到丰富和完善，最终为国土空间开发与保护提供更加科学的依据和指导。

应说明的是，本书是国土空间规划理论方法和应用研究上的一次大胆探索和尝试，所提出的观点方法仅是笔者的学术思考和一家之言，难免会有不当之处，恳请读者批评指正。此外，本书参考和借鉴了国内外许多专家、学者的研究成果，在此致以衷心感谢！本书虽然对参考和借鉴的研究成果基本上做到了清晰的引用标注，但是仍有些没能在参考文献中一一列出，疏漏之处敬请谅解。

需要特别指出的是，本书探讨的理论方法可能和正陆续出台的国土空间规划编制规范和技术标准有所不同，在具体进行规划编制时应以国家标准规范为准，本书可作为规划理论和技术方法上的参考。最后，作为一次国土空间规划领域的学术探索研究，尽管存在种种不足，但仍希望本书可为国土空间规划理论方法研究和规划实践提供一些参考，能为读者的进一步思考提供一个引子，更希望本书能为推动国土空间规划研究和实践进程贡献微薄之力。此为本书目的之所在。

# 参考文献

[1] Arrow K, Bolin B, Costanza R, et al. Economic growth, carrying capacity and the environment[J]. Science, 1995, 268(5210):520-521.

[2] Bohme K. Nordic echoes of European spatial planning: discursive integration in practice [R]. Stockholm:Nordregio Report, 2002.

[3] Chiesura A, Groot R D. Critical Natural Capital: a socia — cultural perspective [J]. Ecological Economics, 2003(44):219-231.

[4] Costanza R, Arge R D, Groot R D, et al. The value of the world's ecosystem services and natural capital[J]. Nature, 1997(386):253-260.

[5] Costanza R, Daly H E. Natural capital and sustainable development[J]. Conservation Biology, 1992, 6(1):37-46.

[6] Cullingworth B, Caves R. Planning in the USA: Policies, Issues, and Processes [M]. London and New York:Routledge, 2003.

[7] Daily G C, Ehrlich P R. Population, sustainability and earth's carrying capacity [J]. Bioscience, 1992, 42(10):761-771.

[8] Daily G. Nature's Services: Societal Dependence on Natural Ecosystems [M]. Washington DC:Island Press, 1997.

[9] Daly H E. Townsend K N. Economics, Ecology, Ethics [M]. Cambridge:MIT Press, 1993.

[10] Ekins P, Simon S, Deutsch L, et al. A framework for the practical application of the concepts of critical natural capital and strong sustainability [J]. Ecological Economics, 2003(44):165-185.

[11] Friedman J. Planning in the Public Domain:From Knowledge to Action [M]. Princeton, NJ:Princeton University Press, 1987.

[12] Friedmann J, Weaver C. Territory and Function: the Evolution of Regional Planning[M]. Los Angeles:University of California Press, 1979.

[13] Hardin G. Cultural carrying capacity: a biological approach to human problems [J]. Bioscience, 1986, 36(9):599-606.

[14] Hawken P, Lovins A, Lovins H. Natural Capitalism: Creating the Next Industrial Revolution [M]. London: Earthscan Publications Ltd, 1999.

[15] Healey P, Khakee A, Motte A, et al. Making Strategic Spatial Plans: Innovation in Europe[M]. London: UCL Press, 1997.

[16] Liu H. Comprehensive carrying capacity of the urban agglomeration in the Yangtze River Delta, China[J]. Habitat international, 2012, 36(4): 462 -470.

[17] McHarg I L. Design with Nature[M]. New York: Natural History Press, 1969.

[18] Mehra M, Torgensen A M. Towards sustainable development for local authorities: approach, experience and sources [J]. European Environmental Agency Environment Issues Series, 1997(5): 155.

[19] Meier R L. Urban carrying capacity and steady state considerations in planning for the Mekong Valley Region[J]. Urban ecology, 1978, 3(1): 1 - 27.

[20] Pearce D W, Barbier E. Blueprint for Sustainable Economy [M]. London: Earthscan Publications Ltd, 2000.

[21] Running S W. A measurable planetary boundary for the biosphere [J]. Science, 2012, 337(6101): 1458 - 1459.

[22] Williams R H. European Union Spatial Policy and Planning [M]. London: Paul Chapman, 1996.

[23] 彼得·霍尔. 城市和区域规划[M]. 邹德慈，陈熳莎，李浩译. 北京：中国建筑工业出版，2008.

[24] 蔡泰成. 从规划事权的角度探讨城乡规划督察[J]. 建设科技，2017(4):71 - 72.

[25] 蔡玉梅，Gordon J. A，谢秀珍. 主要发达国家空间规划体系的经验与启示[J]. 中国土地,2018(5):28 - 30.

[26] 曾山山,张鸿辉,崔海波,等. 博弈论视角下的多规融合总体框架构建[J]. 规划师，2016(6):45 - 50.

[27] 常新,张杨,宋家宁. 从自然资源部的组建看国土空间规划新时代[J]. 中国土地,2018(5):25 - 27.

[28] 程永辉，刘科伟，赵丹."多规合一"下城市开发边界划定的若干问题探讨[J]. 城市发展研究，2015,22(7):52 - 57.

[29] 邓凌云,曾山山,张楠. 基于政府事权视角的空间规划体系创新研究[J]. 城市发展研究,2016,23(5):24 - 30.

[30] 迪力沙提·亚库甫,严金明. 构建统一空间规划体系的理论支撑、障碍

分析与对策建议[J]. 公共管理与政策评论,2017,6(3):58－66.

[31] 丁建中,陈逸,陈雯. 基于生态—经济分析的泰州空间开发适宜性分区研究[J]. 地理科学, 2008, 28(6):842－848.

[32] 董鉴泓. 中国城市建设史[M]. 北京:中国建筑工业出版社, 2004.

[33] 段德罡,芦守义,田涛. 城市空间增长边界(UGB)体系构建初探[J]. 规划师,2009(8):11－14.

[34] 樊杰. 我国主体功能区划的科学基础[J]. 地理学报, 2007, 62(4):339－350.

[35] 方创琳,周尚意,柴彦威,等. 中国人文地理学研究进展与展望[J]. 地理科学进展,2011,30(12):1470－1478.

[36] 方创琳. 中国城市发展空间格局优化的总体目标与战略重点[J]. 城市发展研究,2016,23(10):1－10.

[37] 封志明,杨艳昭,闫慧敏,等. 百年来的资源环境承载力研究:从理论到实践[J]. 资源科学,2017,39(3):379－395.

[38] 高世楫,李佐军. 建设生态文明, 推进绿色发展[J]. 中国社会科学, 2018,(9):60－73.

[39] 高湘昀,安海忠,刘红红. 我国资源环境承载力的研究评述[J]. 资源与产业, 2012(6):810－815.

[40] 韩增林, 狄乾斌. 辽宁省海洋水产资源承载力与可持续发展探讨[J]. 海洋开发与管理, 2003(2):52－57.

[41] 郝庆, 孟旭光, 强真. 新时期国土规划编制环境分析及开展建议[J]. 经济地理, 2010,30(7):1181－1184.

[42] 郝庆. 对机构改革背景下空间规划体系构建的思考[J]. 地理研究, 2018, 37(10):1938－1946.

[43] 郝韦霞. 软约束机制下的生态预算理论的问题及对策[J]. 生态环境学报, 2010, 19(12):3021－3024.

[44] 何冬华. 空间规划体系中的宏观治理与地方发展的对话——来自国家四部委"多规合一"试点的案例启示[J]. 规划师, 2017(2):12－18.

[45] 何英彬,陈佑启,杨鹏,等. 国外基于 GIS 土地适宜性评价研究进展及展望[J]. 地理科学进展, 2009, 28(6):898－904.

[46] 何子张."多规合一"之"一"探析——基于厦门实践的思考[J]. 城市发展研究, 2015, 22(6):52－58.

[47] 胡若函,邢海峰,赵星烁. 日韩空间规划发展经验评析[J]. 城乡建设, 2018(10):76－79.

[48] 胡序威. 中国区域规划的演变与展望[J]. 地理学报,2006,61(6):585-592.

[49] 黄宏源,袁涛,周伟. 日本空间规划法的变化与借鉴[J]. 中国土地,2017(8):30-32.

[50] 黄勇,周世锋,王琳,等. 用主体功能区规划统领各类空间性规划——推进“多规合一”可供选择的解决方案[J]. 全球化,2018(4):75-88.

[51] 霍兵. 中国战略空间规划的复兴和创新[J]. 城市规划, 2007, 31(8):19-29.

[52] 蒋辉,罗国云. 可持续发展视角下的资源环境承载力——内涵、特点与功能[J]. 资源开发与市场,2011,27(3):253-256.

[53] 蒋跃进. 我国“多规合一”的探索与实践[J]. 浙江经济, 2014(21):44-46.

[54] 金贵,王占岐,姚小薇,等. 国土空间分区的概念与方法探讨[J]. 中国土地科学,2013,27(5):48-53.

[55] 李干杰.“生态保护红线”——确保国家生态安全的生命线[J]. 求是,2014(2):44-46.

[56] 李亚洲,刘松龄. 构建事权明晰的空间规划体系:日本的经验与启示[J]. 国际城市规划,2019, 34(2):1-14.

[57] 李岩. 资源与环境综合承载力的实证研究[J]. 产业与科技论坛, 2010, 9(5):89-91.

[58] 李志青. 可持续发展的“强”与“弱”——从自然资源消耗的生态极限谈起[J]. 中国人口资源与环境, 2003, 13(5):1-4.

[59] 林坚, 乔治洋, 叶子君. 城市开发边界的“划”与“用”——我国14个大城市开发边界划定试点进展分析与思考[J]. 城市规划学刊,2017(2):37-43.

[60] 林坚,宋萌,张安琪. 国土空间规划功能定位与实施分析[J]. 中国土地,2018(1):15-17.

[61] 林勇,樊景凤,温泉,等. 生态红线划分的理论和技术[J]. 生态学报,2016,36(5):1244-1252.

[62] 刘纪远, 匡文慧, 张增祥,等. 20世纪80年代末以来中国土地利用变化的基本特征与空间格局[J]. 地理学报, 2014, 69(1):3-14.

[63] 刘奇志, 商渝, 白栋. 武汉“多规合一”20年的探索与实践[J]. 城市规划学刊, 2016(5):103-111.

[64] 刘文政, 朱瑾. 资源环境承载力研究进展:基于地理学综合研究的视角[J]. 中国人口资源与环境,2017,27(6):75-86.

[65] 陆大道，郭来喜．地理学的研究核心：人地关系地域系统——论吴传钧院士的地理学思想与学术贡献[J]．地理学报，1998(2)：97－105.

[66] 牛方曲，封志明，刘慧．资源环境承载力评价方法回顾与展望[J]．资源科学，2018，40(4)：655－663.

[67] 潘安，吴超，朱江．规模、边界与秩序："三规合一"的探索与实践[M]．北京：中国建筑工业出版社，2014.

[68] 祁帆，张晓玲，李志刚．空间规划体系建设思路研究[J]．中国土地，2016(3)：20－22.

[69] 钱慧，罗震东．欧盟"空间规划"的兴起、理念及启示[J]．国际城市规划，2011，26(3)：66－71.

[70] 沈迟．我国"多规合一"的难点及出路分析[J]．环境保护，2015，43(3)：1.

[71] 苏同向，王浩．生态红线概念辨析及其划定策略研究[J]．中国园林，2015，31(5)：75－79.

[72] 孙陶生，王晋斌．论可持续发展的经济学与生态学整合路径——从弱可持续发展到强可持续发展的必然选择[J]．经济经纬，2001(5)：13－15.

[73] 谭纵波，高浩歌．日本国土利用规划概观[J]．国际城市规划，2018，33(6)：1－12.

[74] 汤国安，杨昕．ArcGIS 地理信息系统空间分析实验教程[M]．北京：科学出版社，2006.

[75] 汪自书．城市生态红线的内涵及划定方法研究[J]．环境科学与管理，2015，40(9)：37－40.

[76] 王向东，刘卫东．中国空间规划体系：现状、问题与重构[J]．经济地理，2012，32(5)：7－15.

[77] 王晓，张璇，胡秋红，等．"多规合一"的空间管治分区体系构建[J]．中国环境管理，2016，8(3)：21－24.

[78] 王云才，吕东，彭震伟，等．基于生态网络规划的生态红线划定研究[J]．城市规划学刊，2015 (3)：28－35.

[79] 吴传钧．论地理学的研究核心——人地关系地域系统[J]．经济地理，1991，11(3)：1－6.

[80] 谢英挺，王伟．从"多规合一"到空间规划体系重构[J]．城市规划学刊，2015(3)：15－21.

[81] 严金明，陈昊，夏方舟．"多规合一"与空间规划：认知、导向与路径[J]．中国土地科学，2017，31(1)：21－27.

[82] 杨志恒. 中国空间规划体系框架构想[J]. 科学与管理,2011,31(5):5-9.

[83] 喻忠磊,张文新,梁进社,等. 国土空间开发建设适宜性评价研究进展[J]. 地理科学进展,2015,34(9):1107-1122.

[84] 张润朋,周春山. 美国城市增长边界研究进展与述评[J]. 规划师,2010,26(11):89-96.

[85] 张书海,赵晓宇,刘长青. 空间规划的海外经验探讨[J]. 国土资源情报,2018(5):36-43.

[86] 张维宸,密士文."多规合一"历程回顾与思考[J]. 中国经贸导刊,2017(23):69-72.

[87] 张晓瑞,丁峰,杨西宁,等. 多规合一:规划创新与空间重构[M]. 南京:东南大学出版社,2017.

[88] 张晓瑞,王振波,方创琳. 城市脆弱性的综合测度与调控[M]. 南京:东南大学出版社,2016.

[89] 张晓瑞. 主体功能区规划支持系统[M]. 南京:东南大学出版社,2012.

[90] 张衍毓,陈美景. 国土空间系统认知与规划改革构想[J]. 中国土地科学,2016,30(2):11-21.

[91] 张永姣,方创琳. 空间规划协调与多规合一研究:评述与展望[J]. 城市规划学刊,2016(2):78-87.

[92] 章征涛,宋彦. 美国区划演变经验及对我国控制性详细规划的启示[J]. 城市发展研究,2014 (9):39-45.

[93] 竺可桢. 论我国气候的几个特点及其与粮食作物生产的关系[J]. 地理学报,1964,30 (1):1-13.

[94] 宗跃光,王蓉,汪成刚,等. 城市建设用地生态适宜性评价的潜力——限制性分析[J]. 地理研究,2007,26(6):1117-1126.

[95] 宗跃光,张晓瑞,何金廖,等. 空间规划决策支持技术及其应用[M]. 北京:科学出版社,2011.

[96] 中华人民共和国自然资源部官网. http://www.mnr.gov.cn.